デジタル
時 代 の

楽しむ・選ぶ・
習慣づける

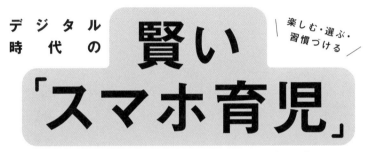
賢い
「スマホ育児」

佐藤朝美 著

中央法規

はじめに

　近年、子育て家庭でもなくてはならない存在となっているスマートフォン。最近は「スマホ育児・デジタル子育て」という言葉も耳にするようになりました。この言葉を聞くと、子守りをデジタルに任せるの？　という否定的な考えが浮ぶ一方で、ワンオペ育児で奮闘する保護者がデジタルに助けられているシーンが浮かび、プラスとマイナスの両面を考えさせられます。

　本書では、時にはデジタルに育児を助けてもらいながら、新たな時代を生きる子どもたちにとって不可欠なデジタル環境を賢く取り入れていくために、大切なポイントを紹介します。デジタルの負の側面を防ぐために、使わない／禁止するのではなく、**「保護者自身が日々の活動や子育ての実践に新たなテクノロジーを取り入れ、子育てを創発的に発展させていく、未来を生きる子どもたちの創造性を育む」**というポジティブな使用を提案します。

　私は、本書を手に取っている皆さんと同じ疑問をもちながら、長らく研究に携わってきました。研究を始めるきっかけは、子どもが生まれてから、子ども向けデジタルメディアのインタフェースデザインを美術大学で学び直し始めたことになります。子どもが夢中になるデジタルツールが果たして良いのか悪いのか？　子どもの中に一体何が生じているのか？　子どもが喜んで使っている活動には教育的な効果はあるのか？　これらの疑問を解消したくて、さらに学習環境デザインの研究室に進学しました。以降、常に保護者としての目線も取り入れながら、子どもとデジタルメディアとのより良い関係を模索してきました。

　現在、大学ではプログラミングやシステム開発の授業を担当しており、研究ではデジタルを用いた楽しく創造的な子どもの活動の提案、アプリの開発等を行っています。それらを通じて、開発物は設計でいかようにでも変えられることを実感しています。開発者側には、ユーザーエクスペリエンスデザインという言葉が表すとおり、使う人の体験を設計により方向づけるという視点があります。使う側は、子どもの発達に配慮して開発されているのか、あるいは長時間夢中になることを優先して作られているのか、見極める必要

があるといえるでしょう。

　そのような経験から、保護者向けの講習会の依頼が増えてきました。最新のデータや研究をもとに、保護者と子どもが家庭でデジタルメディアと上手に賢く付き合っていく方法を考えていくためのヒントを提供しています。同時に、子育て経験と、私自身の制作や創造活動を紹介しながら、スマホ＝動画＝YouTubeではない、子どもたちの可能性を引き出すポジティブでクリエイティブな活動を、参加者とともに考える時間を共有しています。

　本書は、講習会で紹介している内容をふんだんに取り入れています。少しでも皆さんの子育てに役立ち、親子の、家族の楽しくポジティブでクリエイティブな時間を創出する一助となれば嬉しいです。

2024年4月

佐藤朝美

※本書で記載する「子ども」は、出生から小学校入学前までの乳児・幼児を指しています。

目次

デジタル機器と子育て
―― 良い・悪いを考えるために

CHAPTER

1

デジタル機器の使用について、保護者はどう考えている？

• • •

　現代の子どもたちは、デジタル技術に囲まれた世界で育つ最初の世代といわれ、生まれた時からさまざまなデジタルツールやデバイスに囲まれています。そして、デジタル機器に出会う最初の場が家庭であることが多い状況です。このデジタル機器との初めての出会いは「**デジタルエンカウンター**」と呼ばれ、その後、子どもがデジタルメディアをどのように認識し、活用していくかに大きくかかわるものとして重要視されています。それでは、どのようなデジタルエンカウンターを準備すればよいのでしょうか？

　まずは、小さな子どもがいる家庭において、デジタル機器がどのように使用されているのか、保護者の皆さんがどのようにデジタル機器の使用を考えているのか、一緒にみていきましょう。

デジタル時代の子育ての現状：使用時間・使用内容

　今では多くの保護者がスマートフォン（以下、スマホ）を持つようになりました。この変化に伴い、子どものデジタルツールの使用、なかでもスマホの使用が低年齢化し、0歳児からのスマホ利用も増加傾向にあります。今後の使用時間も長時間化することが予想されます（図表1-1）。

　それでは一体、子どもはスマホで何をしているのでしょうか？　主にYouTube等での動画視聴が多いようです（図表1-2）。年齢が上がるにつれ、ゲームアプリや知育アプリなどの使用も始まります。さらには、写真共有アプリを使用している様子もうかがえます。家族でお出かけしたこと、子どもの歌や踊り、何かの様子を確認しながら自身の成長を確認することなどが想定されます。

■ 図表1-1　子どもがスマートフォンに接している時間

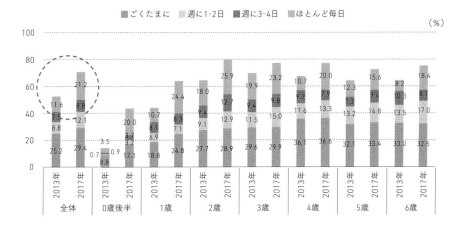

※スマートフォンが家庭にある場合のみ回答
※2013年は無回答不明を除く

出典：ベネッセ教育総合研究所「第2回 乳幼児の親子のメディア活用調査」2018年

■ 図表1-2　乳幼児が利用しているサイト・アプリ

	0歳	1歳	2歳	3歳	4歳	5歳	6歳	全体（N=1644）
YouTube	74.8	71.6	84.7	86.1	85.4	84.9	84.4	82.4
YouTube以外の動画サイト・アプリ	6.1	8.6	9.3	7.5	5.0	8.7		7.8
LINE	10.7	7.3	6.9	9.9	10.8	11.9	12.6	10.0
LINE以外のSNS（Facebook, Instagramなど）	1.5	2.2	0.4	0.8	1.5	2.4	1.9	1.5
写真共有アプリ	10.7	19.8	21.8	18.7	13.8	11.1	11.2	15.5
ゲームアプリ	9.2	6.9	9.3	22.6	26.5	38.1	41.6	23.4
知育アプリ	10.7	14.7	19.4	23.8	27.3	30.2	28.6	23.1
子育てサポートアプリ（鬼から電話、など）	3.8	4.7	7.3	7.9	6.5	4.8	4.5	5.8
英語教育のための動画や音楽	11.5	8.2	10.5	6.3	5.8	7.5	4.8	7.5
絵本や童話	7.6	6.5	5.6	3.6	6.0	5.2	4.1	5.2
お絵かき	3.8	3.0	8.5	10.7	12.3	10.3	8.9	8.6

出典：橋元良明, 久保隅綾, & 大野志郎. (2019). 育児とICT―乳幼児のスマホ依存、育児中のデジタル機器利用、育児ストレス. 東京大学大学院情報学環情報学研究. 調査研究編＝ Research survey reports in information studies. Interfaculty initiative in information studies, the University of Tokyo, 35, 53-103.

年齢別デジタルメディア活用の特徴

　乳幼児期の子どもの発達は目覚ましいものがあります。玩具や絵本も、年齢によって興味をもつものが変化していく様子がみられます。同様に、デジタルメディアの活用も年齢により異なります。図表1-3の左2列は、スイスの発達心理学者ジャン・ピアジェの発達段階説です。ピアジェは、子どもたちは誕生した時から発達段階に沿って成長していくことを明らかにしました。

　図表1-3の3列目は、デジタルメディア活用の特徴とポイントになります。例えば動画では、0歳児であれば子ども向け番組や音楽・歌手・ダンスの動画が多く、2歳になると、おもちゃの紹介やYouTuberなどの番組が増えていきます。3歳以降は、動画を視聴するという受動的な活用だけでなく、デジタルメディアの操作も可能になり、能動的な活用が増えてきます(図表1-4)。小学校以降の学習に備えるため、今後も知育アプリなどは大いに活用されていくことでしょう。📱

■図表1-3　ジャン・ピアジェの発達段階説とデジタルメディア活用のポイント

発達段階	詳細	特徴・ポイント
感覚運動的知能期	0-2歳 対象の認知を感覚と運動によって行う。	乳児期は動画が中心。 ←時間に配慮と目を休める、言葉かけが重要
前操作期	2-6歳 行為が内面化し、「ごっこ遊び」のようなシンボル機能が生じる。しかし、思考は自己中心的である。思考はなお操作的説特色を持たず、保存も可逆性も成立していない。	能動的な活動が可能で、指先操作も行えるようになる。 ←コンテンツ選びが重要

■図表1-4　デジタルメディアを使った活動

	幼児	小学生	年少 （352）	年中 （352）	年長 （392）	小1 （392）	小2 （402）	小3 （432）
動画視聴 （動画サイトを含む）	83.8	80.2	84.9	83.5	83.0	78.6	77.9	83.8
写真撮影	48.1	44.2	47.7	52.3	44.4	46.4	42.8	43.5
ゲームをする	40.0	50.4	33.5	42.3	43.9	48.0	52.0	51.2
ひらがなや数遊び	35.2	16.5	31.8	34.9	38.6	25.0	15.2	10.0
音楽を聴く	31.5	32.5	29.0	32.4	33.0	31.1	29.9	36.1
お絵描き （塗り絵を含む）	24.6	14.6	25.6	25.9	22.6	17.1	14.7	12.3
英語	15.1	16.6	15.6	13.6	16.0	15.6	16.4	17.8
絵本 （電子書籍を含む）	12.6	11.6	13.9	10.8	13.0	15.1	10.9	9.0
通話やメール、 SNSをする	12.5	19.7	11.1	12.5	13.8	16.3	19.9	22.5
身体を動かせる ようなプログラム	6.9	5.6	6.3	8.8	5.9	4.6	6.0	6.3
情報を検索する （勉強を含む）	4.4	19.8	0.6	3.4	9.0	13.8	18.7	26.4
園、学校や習い事、塾等から配信 されるプログラムを視聴する	4.4	9.3	3.1	4.8	5.3	11.0	9.0	8.1
オンラインで授業を受ける （園、学校、習い事、塾を含む）	3.7	12.3	1.1	3.7	6.1	11.7	13.2	12.0
宿題以外の勉強をする	2.5	10.3	1.1	2.6	3.7	11.7	8.2	10.9
ニュースを見る	1.9	4.8	1.1	1.1	3.5	2.8	2.7	8.6
園や学校の宿題をする	1.4	6.9	0.6	0.9	2.7	7.7	7.2	5.8
その他	0.9	1.5	1.1	0.3	1.3	1.5	1.2	1.6

※デジタルメディア（タブレット端末、スマートフォン、パソコン、小学校から配布された端末、知育・学習用の専用端末）のいずれかを使用している人のみ回答。

出典：ベネッセ教育総合研究所「幼児期から小学校低学年の親子のメディア活用調査」2021年

デジタル機器に対する保護者の意識

　デジタル機器に対して、保護者はどのように考えているのでしょうか。多くの保護者が、子どものデジタルツールの使用に関して抵抗感を感じているようです（図表1-5）。

　一方で、デジタルメディアに対する期待も大きいようです（図表1-6）。例えば、「**歌や踊りを楽しめる**」「**知識が豊かになる**」「**社会のマナーやルールを学べる**」「**作る、描くなど表現力を育む**」などに期待を寄せています。子ども自身だけでなく、保護者の育児を助けてくれる存在だったり、これからの時代に必要といった点も大きいと考えられます。

　ネガティブな面としては、「**目や健康に悪い**」「**夢中になり過ぎる**」など、身体への影響や依存を心配する様子がみられます。まさに、期待と不安が入り混じる状況が見てとれます。📱

■図表1-5　スマートフォンの使用に対する母親の抵抗感

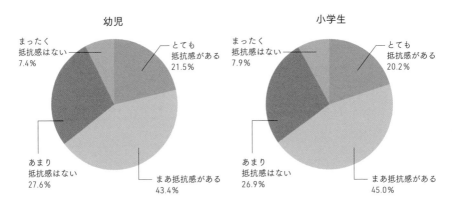

出典：ベネッセ教育総合研究所「幼児期から小学校低学年の親子のメディア活用調査」2021年

■図表1-6 テレビやインターネットを見せることのメリットとデメリット

●メリット

	テレビ番組（録画を含む）	インターネット動画・画像	アプリ・ソフト（＊1）
1位	93.1 歌や踊りを楽しめる	78.1 歌や踊りを楽しめる	66.0 歌や踊りを楽しめる
2位	79.3 知識が豊かになる	44.4 知識が豊かになる	58.3 知識が豊かになる
3位	63.2 社会のマナーやルールを学べる	38.4 作る、描くなど表現力を育む	93.1 歌や踊りを楽しめる
4位	59.1 作る、描くなど表現力を育む	29.9 親子でのコミュニケーションを育む	37.6 小学校以上の学習で役に立つ
5位	56.9 やさしさ、思いやりなどを育む	24.9 小学校以上の学習で役に立つ	37.5 集中力がつく
6位	52.7 親子でのコミュニケーションが増す	24.6 集中力がつく	36.5 親子でのコミュニケーションが増す

●デメリット

	テレビ番組（録画を含む）	インターネット動画・画像	アプリ・ソフト（＊1）
1位	84.3 目や健康に悪い	84.8 目や健康に悪い	84.5 目や健康に悪い
2位	75.7 夢中になり過ぎる	80.7 夢中になり過ぎる	77.0 夢中になり過ぎる
3位	72.0 長時間の視聴や使用が続く	75.2 長時間の視聴や使用が続く	73.8 長時間の視聴や使用が続く
4位	57.9 次のことに切り替えしづらい	71.3 インターネットでの有料サイトや危ないサイトにアクセスする可能性がある	68.1 インターネットでの有料サイトや危ないサイトにアクセスする可能性がある
5位	54.2 大きくなったとき、依存しないか心配	68.3 大きくなったとき、依存しないか心配	64.9 次のことに切り替えしづらい
6位	52.1 受動的になる	67.3 次のことに切り替えしづらい	64.7 大きくなったとき、依存しないか心配

※数値は「とてもそう思う」「まあそう思う」の合計％。複数回答。
※それぞれ10項目中上位6位までを表示。
＊1：スマートフォン・タブレット端末・パソコンのアプリ・ソフト（絵本・英語・お絵かき・ゲーム機）

出典：ベネッセ教育総合研究所「第2回 乳幼児の親子のメディア活用調査」2018年

デジタル機器の種類と使い方

子どものスクリーンタイムの長さと質

　デジタル機器と接触する時間のうち、画面を見る時間は「**スクリーンタイム**」と呼ばれます。最近は乳幼児期のスクリーンタイムの増加が問題視されています。

　これまではテレビ、DVDなどの動画視聴の接触だけが問題視されていましたが、近年はスマホやタブレット、ゲーム機器、スマートデバイスも含め、子どものスクリーンタイムの長さと質が問われているのです。

　全米乳幼児教育協会（NAEYC）が2012年に出した提言では、これまでの受動的メディアと、インタラクティブ（双方向）な操作が可能なタブレット端末等が異なることを指摘しつつ、新たなメディアが子どもの直接経験や創造的な活動を強化するような使用方法を保育者や保護者が検討していく必要性を説いており、そのためにもメディア使用の時間を大人が共有する重要性についても触れています。

デジタル・リテラシーの習得は、家族がカギ

　2019年に政策が出された**GIGAスクール構想**という文部科学省の取り組みにより、全国の児童・生徒に1人1台のコンピュータを配布し、学校に高速大容量の通信ネットワークの整備が行われています。小学校への入学以降の授業では、デジタル機器が活用されていきます。また、2020年に小学校でプログラミング教育が必修化されたことから、デジタル機器を使いこなす**デジタル・リテラシー**の習得がますます求められています。

　そこで、デジタル機器を使いこなすスキルを身につけるためには、スマホだけではなく、デジタルツール全般に目を向ける必要があります。乳幼児期におけるデジタル・リテラシーの発達において、家庭が重要な役割を果たしていることを意識するとよいでしょう。例えば、インターネットの検索活動や動画視聴は、子どもの知識を広げる機会を提供します。家族の写真を整理したりアルバムを作成したりする活動は、創造性や表現力を促進します。知育

アプリを活用することで計算的思考を養い、デジタル絵本の読み聞かせを通じて社会情動的スキルを育むこともできます。スマートスピーカーやタブレットなどのデジタルツールを遊び感覚で活用することで、ツールに対する苦手意識をもちにくくなることにつながります。家庭で適切な端末を用いた活動をしていきましょう。📱

■図表1-7　家庭にあるデジタル機器とスクリーンタイム

テレビ	地上波・BS・CS放送視聴、ビデオ視聴
ビデオゲーム	ゲームのプレイ
スマートフォン	動画視聴、SNS、写真撮影、アプリ、インターネット検索
タブレット	動画視聴、SNS、電子書籍の読み聞かせ、アプリ、インターネット検索

参考：佐藤朝美. (2014). 幼児の学びを育むデジタルメディア. ヒューマンインタフェース学会誌= Human interface= Journal of Human Interface Society, 16(2), 127-130.

デジタル機器は危険？

・・・

子どもの発達への影響

　デジタル機器に対する保護者の不安の大きな項目として、子どもの発達への影響が挙げられています。デジタル機器に費やす時間が、身体運動、睡眠、遊び、読書、対面での交流など、アナログ的な発達にかかわる重要な活動に取って代わるのではないかという懸念もあります。

　現時点では、デジタル機器の使用が直接発達へ影響するという明らかな根拠はありません。しかし、**デジタル活動の内容**（能動的関与か受動的関与か）、**コンテンツの種類**（年齢相応性、娯楽か教育的焦点か）、**大人の仲介**が重要なポイントになります。身体運動、睡眠、遊び、読書、対面での交流など重要な活動の時間を確保し、ポイントを押さえてデジタル機器を使用していきましょう。

アメリカ小児科医学会の提言

　国内外の乳幼児教育にかかわる人々が手がかりとしている情報に、アメリカ小児科医学会の提言（AAP［1999年・2011年・2016年10月］）があります。提言では、2歳未満（現在は18か月未満に変更）の子どもがメディア使用で教育的恩恵を得る根拠がほぼないとしており，利用をすすめていません。2歳未満の乳幼児の認知力、言語能力、運動能力や社会的・感情的能力を発達させるには、信頼のおける保護者と知的探究を行い、社会交流をもつことが必要としています。

　さらに、ミシガン大学の小児科医ジェニー・ラデスキー博士は、生後18か月の乳幼児の脳はきわめて未発達な段階のため、2次元の画面で見たものを3次元に変換して解釈するのが難しいかもしれないと指摘しています。だからこそ、大人が付き添って説明を加えることが不可欠といいます。

参考：森田健宏, 堀田博史, 佐藤朝美, 松河秀哉, 松山由美子, 奥林泰一郎, … & 中村恵. (2015). 乳幼児のメディア使用に関するアメリカでの最近の声明とわが国における今後の課題. 教育メディア研究, 21(2), 61-77.

Starting StrongVII

OECD（経済協力開発機構）が示したStarting StrongVIIでは、デジタル環境において子どもたちが直面するリスクとして、身体的（肥満、睡眠、ストレスなど）、認知的（認知能力、実行機能など）、社会性と情動の発達に与える影響を挙げ、決定的な結論が出ていないことに言及しています。例えば、テレビを長時間見ることで肥満が増えるというアメリカの研究事例がありますが、日本では当てはまらないことが報告されています。ただし、日常生活のリズムを崩すスクリーンタイムの超過は良くないとされており、就寝前のブルーライトの悪影響についてはいくつかの研究事例も見られているということです。

はっきりとした結論が出ないのは、デジタルメディアの活動が多様で、測定や調査の難しさがあることや、デジタルメディアの進化が早いことに起因するそうです。📱

参考：OECD（2023）幼児教育・保育白書第7部（Starting Strong VII：Empowering Young Children in the Digital Age）

子どもの視力への影響

　スクリーンを視聴する際には、明るい場所で時間は短く（1回に最長でも30分程度以内）、見た後は眼を休めることが推奨されています。テレビは約2m、タブレット等のデジタルメディアは30cm以上離れて見ましょう。

　国立成育医療研究センターの仁科幸子先生によれば、幼児の眼は発達の途中にあるため、不適切な見方をすると、眼の働きが十分に育たなかったり、斜視、屈折異常（近視や乱視）をまねいたりする可能性があるそうです。デジタルメディアを見る時に、画面からの距離が近かったり、寝転がって見たりすると、片方の目だけで見てしまうことがあります。ですから、見る時の姿勢に気をつけることが推奨されています。スマホやタブレットは大画面に出力するなど、小さな子どもが視聴する時はなるべく大きな画面で見られるように配慮し、**小型の機器はできるだけ避ける**こともお勧めします。

　車や公共交通機関で子どもがぐずる時に威力を発揮するスマホですが、揺れる場所での視聴は避けたほうがよさそうです。視聴後は眼を休めることを心がけましょう。

参考:ベネッセ教育総合研究所「小さな子どもとメディア」

ベネッセ教育総合研究所

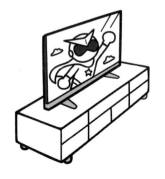

ながら視聴の実態

家に帰ると「とりあえずテレビをつける」
ことはありませんか?

テレビが単につけっぱなしの状態は『**背景視聴**』(Background TV)と呼ばれ、問題視されています。『バックグラウンド』という呼称の理由は、子どもたちが実際に視聴しているテレビ＝『フォアグラウンド』と対比して、他

の人が見ている番組や、誰も見ていないのにつけっぱなしのテレビを『バックグラウンド』と区別しているためです。

バックグラウンドテレビは、遊びなど子どもの進行中の行動や親子のかかわりを妨げるのではないかという点について調査した研究があります。調査によれば、バックグラウンドテレビがある状態は、そうでない状態と比較して、親子の対話の時間が短くなる、子どもの遊んでいる集中の時間が短くなるという結果が出ています。特に親から子どもへの働きかけが消極的になる(しっかりと子どものほうを向くことなく、とりあえず対応するなど)という結果が得られています。

ただし、乳幼児向けの動画を視聴している場合、親が子どもに言葉かけをしたり、一緒に歌ったり踊ったりすることで、映像内容の理解を促すとされています。

単につけっぱなしにするのではなく、視聴している時以外は、なるべくこまめに電源をOFFにする習慣をつけるとよいでしょう。📱

参考：Schmidt, M. E., Pempek, T. A., Kirkorian, H. L., Lund, A. F., & Anderson, D. R. (2008). The Effects of Background Television on the Toy Play Behavior of Very Young Children. Child Development, 79(4), 1137?1151.

スマホ依存のサイン

　保護者の多くが懸念しているネット（スマホ）依存。大きくなった際に陥る依存には、以下の3つの種類が挙げられています。これらの依存を解消するには、現実での生活とデジタルにおける時間との両面からのアプローチが必要です。

◎ゲームの面白さに引き込まれるだけでなく、ゲーム参加者との関係が断ち切りがたくて依存状態となるタイプ（中高生の病院に来るタイプの大半）
◎孤独解消や自己表現の場を求めてSNSを見続けてしまうタイプ
◎オークション参加に没入していくギャンブルに似たタイプ

出典：三原 聡子, 樋口 進（2015）「医学から見たネット（スマホ）依存の危険性教育と医学」63(1),pp.76-83

　育児とICTに関する調査では、通院が必要なほど深刻に至らないものの、0歳児から依存傾向が見られることが明らかになっています（依存傾向者率は0〜6歳全体では11.6%、2歳児ですでに13.3%。図表1-8）。調査では、依存の判定項目を作成し、8つ中7つ以上当てはまる場合を依存傾向があるとしています（図表1-9）。

　さらに母親のスマホ依存の状態（依存傾向者率は12.7%）から、母親のスマホ依存傾向度が高ければ、子どもの依存傾向度も高いことが示されています。子どものデジタルツールの活用状況を見守るとともに、保護者自身の使用時間や使用方法についても振り返ってみましょう。📱

■図表1-8　乳幼児の依存傾向率

	全体	男	女
0歳	1.9	1.2	2.5
1歳	9.9	9.9	9.9
2歳	13.3	14.2	12.3
3歳	14.5	13.6	15.4
4歳	14.2	13.6	11.1
5歳	12.3	13.6	11.1
6歳	14.9	12.2	17.7
全体（N=2272）	11.6	11.2	12.0

出典：橋元良明、久保隅綾＆大野志郎.(2019).育児とICT: 乳幼児のスマホ依存，育児中のデジタル機器利用，育児ストレス．東京大学大学院情報学環情報学研究．調査研究編＝Research survey reports in information studies. Interfaculty initiative in information studies, the University of Tokyo, 35, 53-103.

■図表1-9　スマホ依存の判定項目

	すぐに使いたがる（没入）
	必要もないのに、いつまでもだらだらいじっている（耐性・麻痺）
	やめようねと言ってもやめない（制御不能）
	取り上げると機嫌が悪くなる（禁断症状）
	決めた時間以上にいじっていてやめられない（時間延長）
	スマホに夢中で約束をやぶったり、食事をとらなかったりすることがある（生活上のトラブル）
	スマホいじっていたのに、していなかったフリをすることがある（隠蔽）
	時間つぶしのためにいじっている（現実逃避）

橋元ら（2019）の研究より筆者作成

親子のコミュニケーションを阻害する？

メールを打ったり調べ物をしたりする際、子どもの要求にすぐに応えられないことはありませんか？　保護者がデジタルツールの画面を閲覧することが、親子間のコミュニケーションや交流を阻害する現象は「ペアレント・スクリーン・ディストラクション：Parent Screen Distraction（PSD）」と呼ばれ、そのネガティブな影響が懸念されています。

調査によると、タブレットやパソコンを使用している時よりも、スマホやテレビを使用している時にPSDがより多く発生することが明らかになっています。具体的には、「子どもと話している時にスマホが鳴ると、取り出して確認してしまう」「子どもを遊ばせている時にスマホを操作して、子どもへの注意が散漫になってしまう」「子どもと一緒に食事をしている時に、スマホを取り出して確認してしまう」などの行動が挙げられます。また、「手が空くと、子どもの前でもつい自分のスマホを見たくなってしまう」と回答した保護者も多くいました。

子どもが大きくなった時、親が同じことをされたらどうでしょう。声をかけても子どもがうわの空で返事をしたり、一緒に食事をしている時にずっとスマホを触っている姿は悲しいですよね。話しかけた時には話に集中してほしい、ご飯を食べる時はせっかく作った食事を味わってほしいと思うでしょう。子どもは大人の行動を見て育ちます。緊急を要する場合を除き、子どもとの貴重な時間を大切にしましょう。

デジタルツールに対する認識が「ながらスマホ」＝当たり前とならないように、保護者は自身の使い方を見直してみましょう。🗔

参考：久保隅綾, & 橋元良明. (2020). 育児と母親の情報機器画面閲覧による干渉・妨害. 東京大学大学院情報学環情報学研究. 調査研究編＝ Research survey reports in information studies. Interfaculty initiative in information studies, the University of Tokyo, 36, 243-262.

SECTION 03 保護者のかかわり方
——なぜ保護者のかかわりが必要？

• • •

保護者のかかわりはこんなに大切

　乳幼児期の発達で保護者が果たす役割は非常に大きいとされています。養育はもちろん、日常の対話、玩具を含む環境、絵本の読み聞かせに至るまで、保護者のかかわり方の質が重要で、子どもが大きくなったときの学習への動機や成績に影響を及ぼすという研究結果が多数報告されています。子どもを適切に支援し、挑戦を促しながら自立性を重視するアプローチが有益であるとされています。

　逆に、支配的で権威主義的な育児スタイルをとる保護者の子どもは、否定的な行動を取りやすく、何かを成し遂げるための実行機能の発達が低下する傾向にあると示されています。

　このような効果は、デジタルメディアの使用にも当てはまると考えられています。子どもたちが適切なデジタル環境の中で生活していくことは、子どもの権利として認識する必要があります。さらに、応答性、温かさ、明確なルールを組み合わせたデジタル育児戦略が、デジタルリスクを減らし、有用であるとされています。

参考：Burns, Tracey,Gottschalk, Francesca,OECD, 西村美由起・翻訳(2021)「教育のデジタルエイジ ——子どもの健康とウェルビーイングのために」明石書店

> **足場かけ（スキャフォルディング）**
>
> 　アメリカの心理学者ジェローム・ブルーナーが示した概念です。子どもが一人では達成しにくい課題を大人と一緒に行う場面で、大人が子どもに対して行う働きかけを指します。支援者である大人が子どもの発達の状態を見極め、適切な足場かけをしていくことにより、子どもたちの学習が促進されます。

リスクを減らすか、デジタル活動を活かすか

　OECDの調査では、多くの保護者が時間制限や特定の活動、コンテンツの閲覧を禁止しているようです。こうした制限的な戦略はリスクを減らすのに有効ですが、デジタルの機会を犠牲にしていることが指摘されます。

　一方で、自分自身や子どものデジタルスキルに自信がある保護者は、より制限の少ないアプローチをとる傾向があります。子どもとともにデジタル活動を奨励し参加することで、子どもの主体性や学習を妨げずに安全な環境を作り、子どもがリスクをうまく管理できるようにしているのです。🔲

参考：Ulferts, H. (2020). Why parenting matters for children in the 21st century: An evidence-based framework for understanding parenting and its impact on child development.

保護者の介入（Parental Mediation：PM）

　乳幼児期の発達において、保護者が果たす役割は非常に大きいですが、デジタルメディアを使用した活動でも同様です。子どもたちが初めてデジタルテクノロジーに触れる場所が家庭であることが多い現状を踏まえ、「親の介入（Parental Mediation：PM）」に関する多くの研究が行われています。

　子どもがデジタルメディアからの利益を最大限に享受し、リスクを最小限に抑えるため、調査でみられたPMの種類を紹介します。

「制限的介入」…子どものデジタルメディアへのアクセスやスクリーンタイムを制限すること。

「積極的介入」…ゲームやテレビの内容を子どもと話し合うこと。

「共同視聴」…一緒に動画を視聴したりゲームをしたりすること。

　さらに、子どものインターネット利用に関する保護者の介入としては、以下のことが行われています。

「積極的共同使用」…子どもと一緒に座ってインターネット利用を手伝うこと。

「交流制限」…メールやインスタントメッセージの禁止。

「技術制限」…子どものコンピュータにフィルタリングソフトをインストールすること。

「監視」…子どものWebサイト訪問履歴やメールをチェックすること。

　また、子どものゲーム活動における保護者のかかわりは、以下の活動も挙げられます。

「ゲートキーピング活動」…親が子どものビデオゲームへのアクセスを規制すること、情報探索やスキル習得を支援することを含む。

「調査活動」…ゲーム内容の確認やゲームのプレイを通じて理解を深めること。

「転用活動」…子どもをビデオゲームから引き離し、外遊びや学習活動などの他の活動に参加させること。

　子どもの様子を見ながら、デジタルメディアの活動が効果をもたらすよう、いろいろなPMを取り入れましょう。📱

テレビ・DVD　　タブレット（PC）

子ども向け教材　　　　　　　　　　　紙絵本

？

親子関係を豊かにするもの

参考：Yu, J., DeVore, A., & Roque, R. (2021, May). Parental mediation for young children's use of educational media: A case study with computational toys and kits. In Proceedings of the 2021 CHI conference on human factors in computing systems (pp. 1-12).

SECTION

04　結局どうすればいい？

● ● ●

親子で楽しむ

　「スマホは一人で見るもの」という考えを変えてみましょう。子どもが小さいときに最も大切なのは、家族のコミュニケーションです。家族のお出かけや、トランプや玩具での遊びと同じように、デジタルメディアを一緒に楽しむのはどうでしょうか。

　コンテンツによっては、話をしたり、一緒に歌ったり、踊ったりすることができます。家族ならではの楽しい時間を一緒に過ごしましょう。

乳児期	▶▶▶	幼児期	▶▶▶	就学以降
絵本の読み聞かせの時のように、映像やデジタル絵本を見ながら声をかけてみましょう。手遊び歌の動画を見ながら一緒に行うのもよいでしょう。		インタラクティブな機能を使えるようになります。お絵描きやお話づくり、音づくりアプリなど、クリエイティブな活動に使ってみるとよいでしょう。		ルールについて理解できるようになります。子ども向けプログラミングアプリやキッズYouTuberをまねた映像づくりなどにチャレンジしましょう。

参考：ベネッセ教育総合研究所「小さな子どもとメディア」

親子のコミュニケーションの影響

　親子のコミュニケーションの大切さの背景には、関係性を構築するだけでなく、乳幼児期の親子の言葉かけが子どもの語彙発達にも影響するという研究や、就学以降の学業成績に影響するという研究があります。📱

参考：Senechal, M., & LeFevre, J. A. (2002). Parental involvement in the development of children's reading skill: A five‐year longitudinal study. Child development, 73(2), 445-460.

良質なコンテンツを選ぶ

　スマホやタブレットでは、動画を見たり、アプリで遊んだり、知らないことを調べるために検索したり、写真や動画を撮るなど、さまざまな活動が可能です。娯楽で動画を視聴するだけでなく、発達や成長につながる活動に取り組むことを心がけましょう。デジタル絵本、知育アプリ、お絵描き、お話づくり、プログラミングに至るまで、さまざまなコンテンツが利用可能です。知識やスキルの獲得、創造・活動の促進、協同遊びの促進などの評価観点も有効です。

　コンテンツは、質の良いものを選ぶことが重要です。子どもの年齢や発達段階に合わせたもの、興味や好奇心を刺激するものを考慮しながら選ぶとよいでしょう。

参考：松山由美子, 堀田博史, 佐藤朝美, 奥林泰一郎, 松河秀哉, 中村恵, 深見俊崇（2017）. 保育現場での活用を想定した幼児向けアプリの評価観点の検討. 日本教育工学会論文誌, 40（Suppl.）, 117-120.

■図表1-10　コンテンツの分類

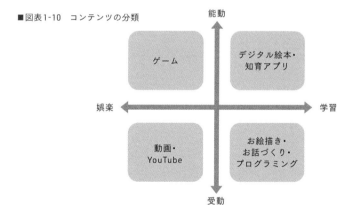

学びの羅針盤

　OECDが定義する「ラーニング・コンパス」（学びの羅針盤）では、デジタル・リテラシー（デジタル機器の活用能力）が主要なスキルの1つに挙げられています。上手に活用することは、心身の健康管理にもつながります。21世紀で活躍するために欠かせない基礎能力となっています。📱

参考：OECDラーニング・コンパス（学びの羅針盤）2030

非認知スキルを高める

将来の仕事や日常生活にも影響を

　「非認知スキル」とは、知識や情報を処理する能力（認知スキル）以外の、人格や態度、モチベーションにかかわるスキルを指します。具体的には、自己制御、粘り強さ、協調性、社会性、感情のコントロールなどが含まれます。何か難しい仕事に直面したときにあきらめずに取り組む「根気」や、他人と助け合いながら目標を達成する「協調性」、失敗から立ち直る「回復力」などが非認知スキルです。これらは「社会情動的スキル」とも呼ばれ、学校の成績だけでなく、仕事や日常生活での成功と幸福にも大きく寄与するとされています。

　このようなスキルを育むためにはどうしたらよいのでしょうか？

　まず、子どもが安心して過ごせる環境において、自主性をもって取り組む機会を作ることが大切です。うまくいったことに対してポジティブなフィードバックを提供し、ほめることでモチベーションや自己肯定感を高めていきましょう。また、自分の感情を理解し、適切に表現するよう促し、感情を言葉にすることでコントロールを助けます。

　非認知スキルは日々の経験や感情を通じて徐々に育てられるため、家庭の役割は大きく、保護者の継続的なサポートが必要です。

　図表1-11に、「非認知スキル」についておすすめのメディア、書籍を挙げました。子どもとの向き合い方のヒントがあることでしょう。

デジタルメディアの可能性

　また、意外かもしれませんが、デジタルメディアには非認知スキルを育む可能性が秘められています。例えば、テレビ番組の内容によっては乳幼児期の向社会性を育てることが明らかになっています。言葉だけでは伝えきれない大切なことや考え方、具体的な行動のヒントなどを、物語の世界を通じて、子どもたちにより容易に伝えることができます。質の良いコンテンツを探し、一緒に視聴していくことをお勧めします。📱

■図表1-11　非認知スキルをより知るためのメディア・書籍

『セサミストリート』

セサミストリートというテレビ番組には、2017年から自閉症のキャラクターのジュリアが登場しました。周囲の大人や友だちは彼女の特性や特徴を理解しながら自閉症について学び、子どもたち一人ひとりの「素晴らしさ」を伝えます。

最初は失敗もありますが、助け合い・協力し合いながら目標を達成していく方法を物語形式で理解していくことができます。ちなみに、ジュリアのパペットを操作しているのは、実際に自閉スペクトラム症の息子をもつスパイシー・ゴードンという女性だそうです。

『幼児教育の経済学』

ジェームズ・J・ヘックマンは経済学者です。彼は非認知スキルが個人の生涯にわたる成功において非常に重要であるという研究を行い、特に幼児期の教育が将来の学業成績、経済的成功、社会的行動に与える長期的な影響について強調しました。

「幼児教育の経済学」では、幼児期における質の高い教育の提供と早期介入プログラムが、長期的に経済的リターンをもたらすということを示しています。

（ジェームズ・J・ヘックマン、古草秀子訳『幼児教育の経済学』東洋経済新報社、2015年）

『社会情動的スキル──学びに向かう力』

OECDも、認知スキルでは測れない力の中で、より人との関わり合いや社会的な感情について特化し、「社会情動的スキル」として着目しています。他者と理解し合う力、協力し合う力、変化する環境や状況に対応する力、問題を特定し創造的な解決策を見つけ出す力などを挙げています。21世紀を生きる子どもたちが、より幸福で健康的な人生を送り、経済的な成功を収めるためにこれらの力が必要とされることを強調しています。

（経済協力開発機構(OECD)編、ベネッセ教育総合研究所企画・制作、無藤隆・秋田喜代美監訳『社会情動的スキル──学びに向かう力』明石書店、2018年）

知育・学習で使う

　デジタルメディアは、小学校入学以後の学習準備に役立つ多くのアプリを提供しています。文字や数の認識、一般常識に関するクイズ、空間認知を育む図形パズルなどが含まれます。子どもの年齢や興味にあったアプリを選ぶことで、楽しくリテラシーを習得することができます。

　新しいテクノロジーを適切に利用することで、学習や発達に良い影響を与えるという研究もあります。0 〜 6歳の子どもを対象に行われた研究では、幼児がスマート玩具や音声アシスタントと対話することが、情報検索能力、早期言語発達、想像力豊かな遊びを支援する可能性があることが示されています。タッチ操作が可能なタブレットの使用は、幼児の微細な運動技能、創造性、およびさまざまなポジティブな学習成果の発達と関連しているとされています。社会的ロボットとの相互作用は、社会的行動や問題解決能力を促進すると考えられています。

　子どもの「なぜ？　どうして？」という質問には、「一緒に考えてみようか」と提案し、情報検索や情報サイトを通じて一緒に調べるとよいでしょう（図表1-12）。また、子ども向けのポータルサイトの利用もおすすめです。安心して使えるだけでなく、必要な情報やタイムリーなニュースも得られます（図表1-13）。

　例えば、車に興味がある場合はトヨタ自動車が提供する子ども向けサイト、宇宙に興味がある場合は宇宙航空研究開発機構（JAXA）の宇宙科学研究所キッズサイト、海外に興味がある場合はキッズ外務省など、子どもがわかりやすく学べるサイトがあります。文字を読めなくても写真や映像が豊富にあります。保護者が一緒に検索することで、調べ方を学ぶことができます。

　子どもの興味に合わせてインターネットを活用し学ぶことは、知識を習得するだけでなく、学びに対する態度を育てることにもつながります。親子で一緒に活用していきましょう。🔲

■図表1-12　音声入力による検索と画像による検索

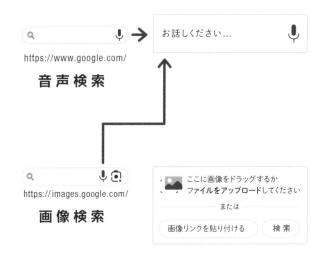

■図表1-13　情報収集サイト

Yahoo!きっず

小中学生のためのポータルサイト。ゲーム、クイズ、ペーパークラフト、図鑑などのオリジナルコンテンツのほか、検索エンジンも付いています。

学研キッズネット

500以上の自由研究テーマや、身近な「なぜ？」の答えがわかる科学記事、職業調べに使えるお仕事紹介記事、SDGs学習まんがなどを掲載。子どもの「知りたい」に答え、さらに探求したくなるコンテンツが盛りだくさんです。

提供：JAXA

宇宙科学研究所キッズサイト「ウチュ〜ンズ」

JAXA（宇宙航空研究開発機構）の宇宙科学研究所（宇宙研）が運営する子ども向け宇宙情報サイト。太陽系、地球、月、銀河系、宇宙全体の情報、宇宙のお仕事情報などを解説。保護者が子どもに説明する情報ソースとしても最適です。

出典：外務省ホームページ

キッズ外務省

外務省の子ども向けサイトです。世界の情報や、日本と外国との関係などを学べます。子どもだけでなく、大人が見ても楽しめます。

TOYOTA クルマこどもサイト

トヨタ自動車が運営する子ども向け自動車情報サイトです。自動車の作り方の解説や質問コーナーなどがあります。「モノ作り」について学べます。

Google Kids Space

デジタルツールを賢く使用するためには、子どもに適したコンテンツを提供することが重要です。スマートフォンやタブレットはもともと大人向けに設計されていますので、高頻度で使用する場合は、子ども用にカスタマイズしたり、子どもが利用することを前提とした設定に変更することが大切です。

Googleが2020年から提供している「Google Kids Space」は、Android端末を子ども向けに変更できるアプリです。このアプリを保護者の端末にインストールし、子どもの年齢や好みに合わせてアカウント設定を行うと、安全にコンテンツを探索できる子ども用のホーム画面に変わります。ハーバード教育大学院のジョー・ブラット氏やジョージタウン大学のサンドラ・カルバート氏が率いる専門家チームの助言をもとに、アプリが選定されています。また、保護者が子どもの使用状況を確認するためのさまざまなツールが含まれています。例えば、コンテンツの管理や利用時間の上限設定などを行うことができます。子どもはマイアバターを作成でき、専用の端末として使用可能です。アカウントを切り替えることで、保護者の画面に戻ることができます。

2023年6月、Google Kids Space開発チームのエイミー・カリアー・ブレア氏に開発経緯についてお話を伺いました。

「Google Kids Spaceは、さまざまな年齢や発達段階に配慮するよう構築されました。安全に使用できるだけでなく、子どもたちにとって有益

で楽しい高品質のコンテンツを提供することに重点を置いています。教育専門家や教師からなるグローバルチームが雇用され、発達ガイドラインに基づいてコンテンツの評価を行いながら開発されました。このプロセスにより、当プラットフォームで提供されるコンテンツが子どもの発達段階に適しており、魅力的であることが保証されています」

インタビューでは、特に5歳未満の子どもたちにおける親の関与の重要性にも触れられました。

「Google Kids Spaceは、「遊ぶ」「読む」「見る」「作る」といったアクティビティ用のタブを備え、親子間の共有体験を促進するように設計されています。家庭生活でスクリーンタイムが避けられない現実において、その他の発達に重要な活動との間で健全なバランスをとることを目指し、Google Kids Space はインタラクティブな学習と受動的な学習の両方を奨励しています」

Googleは、今後も大学や外部の研究機関などと協力し、得られたフィードバックや知見を統合しながらGoogle Kids Spaceを継続的に改善していく方針とのことです。📱

賢いスマホ活用

①子どもが主体的に使う

親子で楽しむ
おすすめアプリ

　ここからは、家庭で親子が一緒に使用するためのおすすめアプリや活動を紹介していきます。デジタルツールは急速に進化し、インターフェースやインタラクションが頻繁に変わることがあります。現時点で利用できるツールがどのようなものか、子どもがどのように能動的に取り組めるか、それらを親子でどのように楽しめるかを紹介します。家庭での活用のヒントとしてください。

デジタル絵本

　デジタル絵本は、伝統的な紙の絵本をデジタル化したものだけでなく、スマホやタブレットなどのデバイスを通じて新たな物語体験を提供します。インタラクティブな要素が含まれることが多く、子どもたちに魅力的な読書体験を提供することができます。

　例えば「My Very Hungry Caterpillar」というアプリは、エリック・カール氏の絵本『はらぺこあおむし』の世界観をデジタル世界で再現しています。単に紙の絵本をデジタル化したわけではなく、物語の世界に没頭し、主人公のあおむしと一緒に遊ぶことができます。

　絵本から物語を味わう体験は、決して受動的なものではありません。絵からヒントを得て、頭の中で物語を動かし、時には物語の続きを考えたり、自分自身が絵本の世界に入り込み、想像を膨らませることもあります。デジタル絵本の新しい形態は、このような活動をさらに豊かにしてくれる可能性があります。

デジタル絵本の種類

　デジタル絵本は技術の進歩により、さまざまな形態が登場しています。以下、現時点の代表的なものを紹介します。

紙の絵本をそのままデジタル化したもの

　音声読み上げ機能が備わっていることも多く、子どもが自分で読むことが難しい場合でも物語を聞くことができます。多言語で提供される絵本も多く、異なる言語での読書体験や言語学習に役立ちます。

絵本にインタラクティブ性を加えたもの

　子どもが画面をタッチするとキャラクターが動いたり、音が出たりするなどのインタラクティブな要素が含まれています。

アニメーション化された動画

　物語に沿ったアニメーションや音楽が組み込まれ、子どもたちの注意を引き、物語への没入感を高めます。

デジタル図鑑

　紙の図鑑と連動し、AR機能（カメラ機能を用いて立体的にキャラクターが浮かぶ等）の提供もあります。数やアルファベットを学ぶための絵本など、教育的な内容が組み込まれているものもあります。

参考：Comparing parent-child co-reading on print, basic, and enhanced e-book platforms by C. Chiong, J. Ree, L. Takeuchi | May 2012

デジタルと紙のメディアの特徴

デジタル絵本、いいの？悪いの？

　デジタル絵本が登場した当初、紙の絵本がデジタル絵本に置き換わるのではないかと予想され、紙絵本とデジタル絵本との二項対立で多くの議論が行われました。結論として、どちらが良いということはありません。それぞれのメディアの特徴を理解することが大切です。

紙絵本の良さと読み聞かせの研究

　紙絵本の読み聞かせは、親子にとってかけがえのない貴重な時間です。言葉や文字の獲得にもつながり、その後の読書習慣の形成にも重要な役割を果たします。ぜひ、紙の絵本を使った読み聞かせの時間を大切にしましょう。「**絵本の読み聞かせ**」には、「**聞き手**」である子ども、「**読み手**」である大人、そして「**絵本**」の種類など、さまざまな要素がかかわっていて、これに関する多くの研究が行われています。これは、読み聞かせが非常に重要な活動であると考えられていることを示しています（図表2-1）。

■図表2-1　絵本の読み聞かせにかかわるさまざまな要素

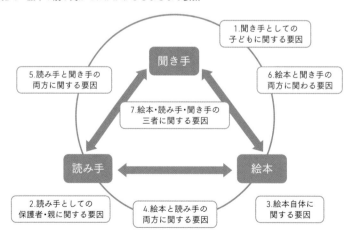

出典：今井 靖親 , 森田 健宏 , 杉山 美加 (1999) 幼児の物語理解に及ぼす挿入質問の効果 : 絵本の読み聞かせに関する心理学的研究, 桜花学園大学研究紀要 1, 19-35.

三項関係って何?

　絵本の読み聞かせで重視されるのが**三項関係**です。三項とは、「自己」「他者」、そして対面の二者間以外にある「もの」の三者を指します。子どもの発達をみると、最初は「自己」と「他者」の関係（二項関係）から始まります。二項関係では、乳児は自己と他者との直接的な関係でコミュニケーションをとります（例:「いないいないばー」）。

　しかし、**三項関係**では、自己と他者だけでなく、他のものも含めたコミュニケーション（例:遠くのものを指して大人と一緒に見る）が可能になります。絵本の読み聞かせでは、この三項関係が成立することで、感情の共有が可能になるのです。

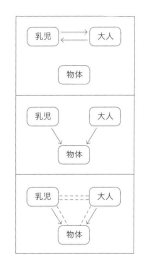

メディアの特徴を活かした絵本という考え方

　メディアにはそれぞれ特徴があり、どちらが良いかではなく、子どもが物語を味わい体験するためにメディアをどのように上手に活用するかに視点を移すことが大切です。

　例えば、インタラクティブ性が高いデジタル絵本も、物語の筋と関係ない機能が多いと、注意が散漫になるという研究もあります。一方で、「My Very Hungry Caterpillar」のような物語の世界を探索できるアプリと、紙の絵本を組み合わせた読書活動を行った場合、相乗効果で紙絵本を繰り返し読むことが報告されています。一文ずつクリックしながら読み進める機能を組み込んだデジタル絵本は、物語の理解を深めます。二項対立ではなく、新しい物語体験を探求することがよいでしょう。

参考:佐藤朝美, & 矢ノ口昌臣. (2014). 小学校低学年を対象としたイラスト提示と文字送り機能を備えたデジタル絵本の開発と評価. 日本教育工学会論文誌, 38(Suppl.), 125-128.
佐藤朝美・佐藤桃子（2013）.紙絵本との比較によるデジタル絵本の読み聞かせの特徴の分析.日本教育工学会論文誌,37(Suppl.),49-52.

デジタルえほんアワード

　世界中のクリエイターたちが、新しいデジタル
絵本の作成に挑戦しています。2012年から開催
されているデジタルえほんアワードでは、世界中
から応募があり、すばらしいデジタルえほんが受
賞しています。パソコン、タブレット、スマート
フォン、電子書籍、デジタルサイネージ、電子黒
板、テレビなど、あらゆるデジタルデバイスを活
用した新しい体験の形を見ることができます。

深い読みにつながる脳の育て方

　読書離れや読解力の低下が心配されています。『デジタルで読む脳×紙の
本で読む脳』(メアリアン・ウルフ、大田直子訳、インターシフト、2020年)では、「深
い読み」ができる**バイリテラシー脳**を育てることを推奨しています。以下に書
籍のポイントを紹介します。

理想的である「深い読み」とは?

　口頭言語(話し言葉)は人間の基本的な機能で、ほとんど世界共通の流れで、
発達が促されます。そのため、典型的な言語環境で育つ子どもは、特別な教育
を受けなくてもその言語を話せるようになります。

　一方、読書は後天的な能力であり、幼い脳にとって読書に関連する脳内回
路を形成する環境が不可欠です。高次の読書体験を指す「深い読み」には、多
くの様々なプロセスを要します。

深い読みを促すためには?

　理想的な「深い読み」に至るプロセスには、共感することや背景知識を活用
して分析・推論・類推することが含まれます。現代の子どもたちは、複雑な文構
造を理解するのに忍耐が足りず、深い分析に努めることを好まない傾向にあり
ます。理想的な「読書脳」を形成するためには何年もかかるので、文字を読み
始める5歳前後ころからそのプロセスの育成に気をつける必要があります。

バイリテラシー脳とは？

　デジタル時代に入り、人類が大きな転換点を迎えている今、紙とデジタルの読書脳の違いを理解し、**バイリテラシー脳**を育てることが次代を生きる力となります。紙やデジタルなどの媒体によって、それぞれ異なる脳回路を育て、柔軟にコード・スイッチングができるエキスパートを目指します。ロシアの心理学者ヴィゴツキーによると、子どもの思考（考えること）と言語（話すこと）は別々の能力として現れます。成長とともに、自分の考えを言葉で表現し、他人とのコミュニケーションを通じてさらにその思考を深めることができるようになり、思考と言語は結びついていきます。そのように、紙媒体とデジタルの統合を目指します。

バイリテラシー脳の育て方とは？

　幼児期には、紙とデジタルのどちらにも偏らないように注意し、両方との接触を管理します。5歳から10歳の間には、**熟考プロセス**（自分の背景知識と読むものを結びつけ、他者の立場に共感し、推論を行い、十分な分析や洞察を表現する）に時間を割くことの重要性を教えます。自分の考えをもつために時間をかけることの大切さを教えます。同時に「**デジタルの知恵**」も教えます。例えばデジタル機器では、グラフィックアートを作ったり、ロボットをプログラミングしたり、作曲するなど、多様な創造の遊び場を導入できます。それらを通じて、演繹・帰納・推論のスキルが発達し、読字のための核となる科学的手法を作り上げます。

参考：メアリアン・ウルフ (著), 大田直子 (翻訳) (2020)「デジタルで読む脳 X 紙の本で読む脳：「深い読み」ができるバイリテラシー脳を育てる」インターシフト (合同出版)

The Cooney Center のレポート

紙の絵本とデジタル絵本の読み聞かせの比較

　この研究では、3種類の絵本（紙の絵本／紙絵本をデジタル化しただけのBasic e-Book ／マルチメディア機能を備えたEnhanced e-Book）の親子の読み活動の違いを調査しました。32組の親子（3-6歳児）を対象に観察した結果、図表2-2のような違いがみられました。

	紙の絵本	Basic e-Book	Enhanced e-Book
親子の対話	ラベリング、指差し、物語への言及は多い	紙の絵本と同程度	紙絵本に比べ反応は少ないが、話の筋と関係ない対話や行為が多く見られる
物語の記憶	詳細な部分まで記憶している	紙の絵本と同程度	主要な筋に関しては記憶している
総合的なエンゲージメント（親子間の相互作用、楽しさの兆候を総合したもの）	63%の親子がどれも同じという結果 31%の親子が「紙の絵本」でエンゲージメントが高い 6%の親子が「e-Book」でエンゲージメントが高い 「Enhanced e-Book」では、子どもの身体的な反応（集中・画面タッチ）が多くあった。		

　研究では、これらの結果から次の示唆を示しています。

　デザイナーやクリエイターへは、「物語に直接関係のないようなアプリの機能を追加する際は慎重に行うべき」「親が子どもと共に読み活動を行えるよう、アプリの設計も考慮されるべき」としています。

　保護者や園の先生には、「読み書きの習得を目指す場合は、紙の絵本または基本的な電子絵本を選択すべき」「アプリ絵本は物語から注意をそらし、親子対話の質や詳細な記憶に影響を及ぼす可能性がある」としています。ただし、読書に馴染めない子どもにはアプリ絵本が有効な場合もあるとしています。📱

出典：Chiong, Cynthia, Ree, Jinny, Takeuchi, Lori, Erickson, Ingrid (2012) Print books vs. e-books: Comparing parent-child co-reading on print, basic, and enhanced e-book platforms. New York: Joan Ganz Cooney Center. Retrieved June 11, 2012, from http://www.joanganzcooneycenter.org/upload_kits/jgcc_ebooks_quickreport.pdf

お話づくりアプリ

デジタルメディアならではの物語を作成できるアプリが数多く登場しています。

例えば、**株式会社グッド・グリーフ**の朝倉民枝さんが手がける「**ピッケのつくるえほん**」があります。このアプリでは、こぶたのキャラクターであるピッケとその仲間たちをドラッグ＆ドロップで絵本の見開

きに配置し、表情を変えたり、動作を変えたりすることができます。さらに、豊富な背景やかわいらしいパーツが揃っており、ページを簡単に構成することが可能です。文字の入力だけでなく、音声も録音でき、自分だけのデジタル絵本を簡単に作り上げることができます。

幼児期のお話づくりが発達に良い理由

子どものお話づくりが発達に良いということをご存じですか？　想像力や創造力の育成はもちろん、言語スキルの向上や社会情動的スキルの発達にもつながります。物語を作る過程で、子どもたちは文と文のつながり、どのような出来事が起こり、どのような結末になるかなど、筋や展開を考える必要があります。さらに、登場人物の気持ちを考えながら物語を展開することで、共感性や社会性が育まれます。このようにお話を作ることは、絵本の読み聞かせでは得られない認知的スキルや社会情動的スキルの発達を促します。

また、お話づくりでは聞き手の役割も重要です。子どものお話をじっくり聞き、子どもの想像を引き出しながら一緒に作っていきましょう。音声付きの作品を作れば、発達の貴重な記録になるでしょう。📱

参考：佐藤朝美(2023).「物語行為の支援システム―親子の活動に着目して―」晃洋書房.
佐藤朝美. (2010). 幼児の Narrative Skill 習得を促す親の語りの引き出し方の向上を支援するシステムの開発（< 特集> 協調学習とネットワーク・コミュニティ). 日本教育工学会論文誌, 33(3), 239-249.

動く絵本やゲームづくりアプリ

Springin'は、「絵を描いて」→「声や音を録音して」→「動きをつける」ことができるアプリです。「スマホでゲームがつくれるアプリ」と紹介がありますが、タブレットでも使用可能で、直感的な操作だけでさまざまなものを創造することができます。

対象年齢は4歳からとなっていて、絵を描くことから始めるアプリなので、小さな子どもは動く絵本を作るケースがよく見られます。作った絵本やゲームは、他のユーザーと共有して楽しむことができます。

使い方は、まずアイテム作成画面でキャラクターやパーツを描きます。次に、これらのアイテムをシーンに配置します。アイテムには、属性メニューから動きを付けることができ、自分の声や音声を録音してアイテムに付け加えることも可能です。プレイボタンを押せば、すぐに動作を確認できます。アイテムには写真を使用することもでき、必要な部分を切り取ることもできます。音声に関しては、速さや高低を編集して面白い効果音を作ることができます。また、クオリティの高いイラスト素材や音素材を取り込むこともできるため、それらを組み合わせて使い始めるとよいでしょう。

芸術工学博士が率いるクリエイター集団である「**しくみデザイン**」は、世界各国30個以上のアワードを受賞！「すべての人をクリエイターにしたい」という想いが込められています。

アプリ使用時の親の介入方法

　子どもがアプリを使用する際に保護者が介入することで、学習効果が向上することが明らかになっています。例えば、塗り絵の際には、どのような声かけが効果的でしょうか？

　「空想どうぶつ」を描いた親子の調査では、機能に関する話、動物の色塗りやパーツに関する話題、作成した動物に対して「いいね」などのコメントをする声かけがありました。この調査ではアプリの使用と同時に、画用紙でのお絵描きも行われました。参加した保護者は、画用紙でのお絵描きだけでなく、アプリ使用時にも効果的な声かけをしていました。

　例えば対話がさかんな親子は、保護者からのアドバイスを含めながらアプリ上の描画活動をすすめ、アプリの機能であるパーツの種類を確認し、その付け方を相談しあう様子がみられました。特に画用紙でのお絵描きでは、描く内容が自由だったため、家族で出かけた話や夏休みの思い出に触れながら描く題材を決める様子が見られました。これに応じて、子どもも出来事の詳細を話しながら絵に反映させていました。そのようなやり取りを楽しむ親子は、アプリ使用時にも会話を楽しんでいました。

　乳幼児向けアプリは一人でも使えるようにインターフェースが工夫されていますが、保護者の介入による学習効果が期待されています。そのため、親子で一緒に取り組むことを心がけるとよいでしょう。📱

参考：佐藤朝美, 松本留奈, 田村徳子, & 高岡純子. (2016). 幼児期におけるタブレット端末使用に対する親の働きかけの特徴：描画アプリを使用したプロトコル分析による検討 (Doctoral dissertation, Aichi Shukutoku University).

コマ撮りアニメーション作成アプリ

　スマートフォンやタブレットのカメラ機能を利用して、簡単にコマ撮りアニメーションを作ることができます。

　KomaKomaは、2010年から布山タルト氏（東京藝術大学大学院映像研究科アニメーション専攻教授）が開発を続けている**コマ撮りアニメーション制作**アプリです。手軽にコマ撮りアニメーションを撮影できます。

　使い方は非常にシンプルで、対象のシーンを「撮影ボタン」を押して1コマずつ撮影していきます。撮影した画像は「再生ボタン」を押すことで再生でき、「保存ボタン」で作品を保存することができます。動画のフレームレート（1秒間に表示される画像の枚数）の設定も可能です。子どもに人気のクレイアニメーションを簡単に作成できます。カメラを固定して対象物を動かしながら撮影することも、カメラ自体を少しずつ移動させて撮影することもでき、面白い作品を作ることが可能です。

　子どもたちの作った粘土作品や絵画などを用いて、オリジナルのアニメーション作品を作ってみましょう。KomaKomaの詳細は以下のURLから確認できます。

　http://komakoma.org/

　KomaKomaはタブレットアプリとしてだけでなく、Webアプリとしてもリリースされており、カメラ付きのパソコンでも使用できるようになりました。📱

音楽制作アプリ

　スマートフォンやタブレットの録音機能を活用して、簡単に音声作品を作ることができます。

　「**Audio Adventure**」は、直感的に独自のラジオドラマやポッドキャストを制作できるアプリです。自分の声や音をマイクで録音することができるほか、豊富なサウンドライブラリから音を選ぶことも可能です。操作は非常にシンプルで、複数のトラックを使って音の重ね合わせを編集できます。親子でラジオドラマやポッドキャストを制作し、おじいちゃんやおばあちゃん、友だちに送ってみてはいかがでしょうか。

音声コンテンツ制作活動の効果

　スマートフォンやタブレットは視覚優位なメディアといわれています。画面上での色彩豊かな画像、動画、インタラクティブなアニメーションなどが、ユーザーの注意を引き付け、情報を効果的に伝える手段として活用されています。

　そのような環境の中、音声コンテンツを作る活動には以下のような利点があります。

◎自分の考えたことを言葉で表現することで、子どもたちの言語能力や創造性、想像力を促進します。

◎聴覚に集中した制作を通して、集中力を養うことに役立ちます。

◎自分の言葉や録音した音声でコンテンツを作ることは、新たな創作活動への興味を喚起します。ラジオドラマだけでなく、歌や音楽の作成など、さまざまな形で表現する楽しさを発見できます。📱

ごっこ遊びアプリ

スマートフォンやタブレットのインタラクティブ性を活用して、ごっこ遊びを実現できるアプリが多数存在します。

Toca Boca（トカボカ）

タブレットやスマートフォン用子ども向けアプリを専門に開発するスウェーデンのアプリ開発スタジオです。「想像力を刺激するデジタル玩具やゲームの制作」というポリシーのもと、多くのアプリをリリースしています。ちなみに、Toca Bocaの名前はスペイン語で「口に触れる」という意味です。

Toca Kitchen…子どもたちがキッチンでさまざまな食材を調理し、好きな食べ物を作ることができます。ごっこ遊びとしてのおままごとは人気ですが、このアプリではより充実して遊ぶことができ、実際の料理への興味につながることが期待できます。

Toca Hair Salon…カット、パーマ、カラーリング、スタイリングなどを自由に行うことができます。美容院に行くのが苦手な子どもや、美容院に興味をもち始めている子どもも、髪の毛のアレンジを楽しむことができます。

Toca Life: Hospital…病院を探検することができます。赤ちゃんの誕生を祝ったり、病気の患者を治療したりすることで、病院に行ったことがない子どもにも貴重な体験を提供します。

他にもさまざまな体験ができるアプリがありますので、子どもの興味・関心に合わせて体験してみてください。📱

赤ちゃんから遊べるアプリ

　乳児期のスマートフォンやタブレットの利用は主に動画視聴が多いですが、赤ちゃんから遊べるアプリもあります。

　「タッチ！あそベビー」は、タッチするだけでイラストや音が楽しく変化する、赤ちゃん向けの感覚遊びアプリです。このアプリは株式会社ワオ・コーポレーションが開発した子ども向けアプリシリーズ**「ワオっち！」**の一つに含まれます。

　アプリには、ごはん、着替え、歯磨き、料理などの日常生活や、電車、自動車、お店屋さんなど、子どもたちに身近なテーマを取り入れたごっこ遊びを通じて、さまざまなことへの興味・関心を育む活動が多数含まれています。画面をタッチするだけで色や形が変わるので、赤ちゃんでも簡単に楽しむことができます。

「タッチ！あそベビー」の調査

　東京大学の開一夫教授のもとで、「タッチ！あそベビー」を用いた調査が行われました。この調査では、ユーザーの許可を得て、親子がアプリを使用している際の声を送信してもらう方法がとられました。

　調査結果からは、アプリの利用場所は自宅での使用が圧倒的に多いことが明らかになりました。利用時間帯は朝食後と夕食後が多い傾向にあります。アプリを使用しているのは主に女性（おそらく母親）で、説明をしたり、結果に対する感想を述べたりする様子が観察されました。📱

調査結果の概要

プログラミングアプリ

　プログラミングを簡単に学べるツールが多く出ています。低年齢に向けたものも多く、幼児期からプログラミング的思考を養うものもあります。

　ScratchJrは、5 - 7歳の子どもがプログラミングを体験できるように設計されたビジュアルプログラミング言語です。プロジェクトを作成することにより、文字を読むことができなくても創造的で体系的な思考を学ぶことができます。**MITメディアラボ**が開発した**Scratch**を、よりシンプルで使いやすいインタフェースにしていることが特徴です。スプライトと呼ばれるオブジェクトを使ってコードを作成します。

　スプライトは既存のライブラリから選ぶことができ、「ペイントエディタ」を使って編集したり、新しいスプライトを作成することもできます。コードはブロックをコーディングエリアにドラッグして設定します。旗ボタンを押せばすぐに実行でき、スプライトを動かすことができます。

　ブロックを並べながら、遊び感覚で楽しみながらプログラミング的思考の入門を体験できます。就学前の子どもたちが遊びを通じて体験することで、プログラミングに対する苦手意識を克服する可能性があります。

Appstoreページ

ScratchJr is a collaboration between the DevTech Research Group at Boston College and the Scratch Foundation

プログラム教育の低年齢化

　2020年度から、日本の小学校でプログラミング教育が必修化されました。文部科学省は、子どもたちが情報を理解する力、情報技術を使いながら新たな価値を創造する力、それらを生かそうとする心を育てることを目指しています（以下参照）。

　OECDでは、コンピュテーショナル・シンキング（コンピュータやプログラミングの仕組みを早期に理解すること）が、少しずつ幼児期のカリキュラムの枠組みに組み込まれてきていることを報告しています。

　ただし、日本の小学校ではプログラミングのスキル自体が求められているわけではありません。プログラミング思考は、例えば「料理（カレー）を作る」という課題に対し、どのような手順で行うか、一つずつステップを洗い出し、目的を達成していくという考え方になります。ScratchJrのよう簡単なツールで、目的に対し、一つずつステップ（コード）を考える方法に慣れ親しんでおくとよいでしょう。📱

---

2. これからの時代に求められる資質・能力とは
（1）情報を読み解く
（2）情報技術を手段として使いこなしながら、論理的・創造的に思考して課題を発見・解決し、新たな価値を創造する
（3）感性を働かせながら、よりよい社会や人生の在り方について考え、学んだことを生かそうとする

出典：平成28年6月16日文部科学省有識者会議資料

Google Arts & Culture

Google Arts & Cultureは、Googleが提供するアプリで、世界中の美術品、遺産、文化を探索できるプラットフォームです。このアプリは、多くの博物館、ギャラリー、文化機関と提携しています。

Google Arts & Cultureが提供するサービス

◎作品の鑑賞

世界中の美術館やギャラリーから数百万点におよぶ作品を高解像度で鑑賞できます。さらに、拡大して細部まで見ることができます。

◎バーチャルツアー

360度のバーチャルツアーを通じて、博物館や歴史的建造物を仮想的に訪問することができます。

◎教育リソース

芸術鑑賞だけでなく、世界遺産や世界各国の文化についても学ぶことができます。ユネスコに登録されている文化遺産、自然遺産、無形文化遺産も閲覧できます。

◎ストーリーとコレクション

芸術作品や文化的遺産に関連する解説つきのストーリーやテーマ別のコレクションが用意されています。

◎インタラクティブな体験

顔マッチング機能「Art Selfie」で、自分そっくりの人物が登場する絵画を探すことができます。「Art Transfer」という機能では、撮影した写真を芸術家の作品のように変換できます。

◎パーソナライズされた体験

興味に基づいてお気に入りの作品やコレクションを保存し、カスタマイズされたギャラリーを作成できます。

Google Arts & Cultureのホームページ

　美術や文化に関心のある人にとっては、貴重なリソースであるだけでなく、子どもたちに美術や文化を身近に感じる機会を提供します。家にいながら世界の芸術や歴史的・文化的な遺産を快適に探索でき、作品を用いたアプリやゲームも楽しめます。

　お気に入りの作品を収集したり、関心のあるキーワードで検索することもできます。例えば「花」と検索すれば、ゴッホのひまわりやモネの睡蓮など、多くの画家の花の作品を閲覧できます。作者を検索すると、その作品を作者の生涯の時系列や人気度順、色別に並べ替えることもできます。📱

Google Arts & Culture 12+
See artworks, museums and more
Google LLC
★★★★★ 4.7 ・ 733.1K Ratings
Free

Screenshots iPhone iPad

お絵描きアプリ

　スマートフォンやタブレットで利用できるお絵描きアプリは多数存在しますが、その元祖にあたるのがKid Pix（キッドピクス）でしょう。

　Kid Pix は、1989年にMac向けフリーソフトとして登場した子ども向けお絵描きアプリです。効果音や描画エフェクトを楽しみながら絵を描くことができ、長年にわたりデジタルならではの機能を効果的に組み込んだお絵描きアプリとして注目されてきました。ペンシルツールやラインツールで線を描くことができます。また、ペイントバケツでのベタ塗り、図形ツールのほか、スタンプ機能なども搭載されています。サウンドツールでは音や声を録音でき、マルチメディア作品として仕上げることも可能です。絵を描くのが苦手な子どもにも、Undo（やり直し）機能があるため、気軽に絵を描くことができると評判でした。2021年にはWeb移植版が公開され、OSに依存せず、Webブラウザ上で使用可能となりました。

Kid Pixのページ

教育の場での活用

　Kid Pixは教育の場でも用いられています。例えば、知的な遅れがある一人の児童が、自発的にパソコン描画ソフト（キッドピクス）を用いてイメージをふくらませ、自分の考えを絵に表現していく過程を約1年間にわたって継続的に観察し、イメージの変化について分析を行った研究があります。分析の結果、児童が自力では描くことのできない豊かな世界をソフトの機能に助けられてイメージし、絵に表現できるようになる10段階の過程が確認されました。

　開発者のクレイグ・ヒックマンは、当時3歳だった息子が使えるような簡単なペイントソフトを作ろうと決意したそうです。子どもは壊すことも楽しむことから、爆弾による消去機能をつけたそうです。

参考：天岩 靜子（2014）知的障害児におけるパソコン描画ソフトを利用した絵画イメージの変化. 共栄大学研究論集：共大研究 (12), 251-271

写真や動画の共有やスライドショーの作成アプリ

　保護者が子どもの写真や動画を撮ることは一般的ですが、子ども自身が工作したものや興味を抱いたものを撮影することも試してみてはいかがでしょうか。子どもの視点から撮影された写真や動画は、その内面を垣間見ることができ、保護者にとっても新たな発見があるかもしれません。これらの写真をただ保存するだけでなく、家族で共有し、一緒に見返して対話することがおすすめです。

　「家族アルバム みてね」 アプリでは、写真や動画を家族で共有し、整理することができます。メンバーはそれぞれコメントを追加することが可能です。アップロードされた動画や写真を組み合わせて動画が作成されるため、定期的に家族で鑑賞会を開催するのもよいでしょう。📱

参考：佐藤朝美, 椿本弥生, & 朝倉民枝. (2013). Family Narrative 支援活動：「未来の君に贈るビデオレター作成 WS」のデザインと実践 (< 特集 > 情報化社会におけるインフォーマルラーニング). 日本教育工学会論文誌, 37(3), 229-239.
佐藤朝美, 荒木淳子, 今野知, & 佐藤慎一. (2016).「制作物の記録と観賞」が親性へもたらす影響の分析：スマートフォンアプリ " ツクルミュージアム " を事例に. チャイルド・サイエンス = Child science: 子ども学, 12, 39-43.
佐藤朝美, 荒木淳子, 今野知, & 佐藤慎一. (2021). 親性向上につながる家族対話とリフレクションを支援するファミリー・ポートフォリオの開発と評価. 愛知淑徳大学大学院文化創造研究科紀要 = Bulletin of Graduate School of Creativity and Culture, (8), 1-7.

賢いスマホ活用

②動画を視聴する

CHAPTER

3

SECTION 01 動画視聴のアドバイス

・・・

おすすめ視聴時間

世界のさまざまな提言

　ここでは、乳幼児のデジタル視聴時間に関する世界の動きをみていきます。

　世界保健機関(WHO)の勧告では、1歳未満の子どものスクリーン露出はゼロに、1〜2歳児は可能な限りゼロに、そして2〜5歳児は保護者とともに視聴することを前提に、1日1時間未満にすることが望ましいとしています。

参考:WHO(2019)身体活動および座位行動に関するガイドライン.国立研究開発法人 医薬基盤・健康・栄養研究所

　アメリカ小児科学会(AAP)の提言では、18か月未満の子どもがデジタルメディアを使用して教育的な利益を得る証拠がほとんどないとしており、使用を推奨していません。ただし、ビデオチャットなどは例外とされています。2歳以上の子どもは、質の高い子ども向けメディアを家族とともに視聴し、内容を理解するためのサポートがあればよいとしていますが、1日の視聴時間は1時間以下に抑えることを推奨しています。

参考:Hill, David, et al. "Media and young minds." Pediatrics 138.5 (2016).

スクリーンタイムの考え方

　家庭では、WHOやAAPの提言を完全に実践するのは難しいのが現状です。そこで、育児支援NPO団体である**ゼロ・トゥ・スリー**は、実際の子育て状況を考慮して「スクリーン・センス」という電子画面との付き合い方の手引きを2018年に公表しました。

　手引きには「現実世界でさまざまな人や物との接触があれば、限定された画面時間は発達に害を及ぼさない」との見解が示されています。子どもの未来におけるテクノロジーの重要性を考慮し、大切なのは節度を保つこととされています。子どもにとって健全なスクリーン・メディア環境の構築は、単にスク

リーン使用時間だけでなく、個々の子どもの特性、メディアの使用状況、そして子どもが触れるメディアの内容に基づいてメディア体験を選択することだと説明しています。

　手引きのポイントは「3つのC」（子どもChild・コンテンツContent・状況Context）で説明されています。

子ども（Child）…子どもたちの個々の特性を考慮することが大切です。子どもの特別な興味、その時の気分、注意力などに配慮しましょう。特に、子どもの年齢と発達段階を踏まえることが重要です。また、幼い子どもは、保護者や保育者、教師、仲間との相互作用を通じて、より効率的に学ぶことができます。

コンテンツ（Contents）…まず、子どもが夢中になり集中できる一貫した内容であることが大切です。子どもが積極的に参加できる活動であることも重要です。教育的な内容として、意味のある体験や設定が組み込まれていると、効果的な学習が行えます。また、子どもは社会的な相互作用を通じて効果的に学ぶことができます。

状況（Context）…多くの子どもが、視聴していないテレビの放映に長時間さらされているという調査結果があります。このような状況が「**バックグラウンドテレビ**」であり、CHAPTER1で述べたとおり注意が必要です。保護者自身のメディア利用も大きな影響を与え、メディア利用によって親子のやり取りが中断されることが子どもの集中力やモチベーションを削ぐ可能性があることを認識しましょう。

　毎日ルールで定めた時間どおりにデジタルメディアの使用を切り上げることは、現実的に難しい場合があるかもしれません。3つのC（子ども、コンテンツ、状況）という視点でデジタルメディアとの付き合い方を考えていくのもよいでしょう。📱

参考：What the Research Says About the Impact of Media on Children Aged 0-3 Years Old @ZEROTOTHREE

効果的な視聴環境を作ろう
——スマホからテレビへの出力がおすすめ

　デジタルメディアの利用が日常的になる中で、効果的な視聴環境を構築することが大切です。特に子どもの視聴環境には、目の健康や学習への影響を考慮し、適切な環境を整える必要があります。そこで、快適で健康的な視聴環境を作るための具体的なポイントを紹介します。自身の家庭の状況を確認してみましょう。

　子どもがテレビやタブレットを使用する際は、視聴環境に注意しましょう。デジタルメディアには、さまざまなサイズがあります。小さな子どもが視聴するときは、なるべく大きな画面で見られるように配慮し、小型の機器はできるだけ避けましょう。スマホやタブレットをテレビやモニターに出力するための映像ケーブルを常に入力ポートに接続しておくこともおすすめします。

　テレビは約2メートル、タブレットやスマホは30センチメートル以上離れて使用することが望ましいです。画面の反射を防ぎ、正しい姿勢で視聴することも重要です。テレビに近づきすぎないようにテーブルを置くこともおすすめします。

　一度に見る時間は最長で30分とし、その後は眼を休めましょう。子どもの目は成長過程にあり、適切な使い方をしないと、視力の発達に悪影響を及ぼす可能性があります。子どもたちは自分の目の疲れをうまく伝えられないことが多いので、保護者は使用時間や状況に気を配り、健康的な視聴習慣をサポートしてください。📱

※明るい場所で見ましょう。
スマホやタブレットを大画面に接続して見ることをおすすめします。

※画面の反射を防ぎましょう。

※視聴後は、眼を休めましょう。

テレビを見る時は、画面から約2m離れましょう。

スマホやタブレットなどのデジタルメディアは固定して、30cm以上離れて見ましょう。

連続視聴は30分程度までにしましょう。2歳までの子どもはなるべく短時間の視聴にとどめます。

画面からの距離が近かったり、寝転がって見ると、片方の目だけで見てしまうことがあります。見るときの姿勢に気をつけましょう。

動画の教育的効果

　教育的に作られた動画は子どもたちの学びを促進します。どのようなことを学べるかというと、**語彙**（新しい言葉とその意味）、**数の認識**、**文字の認識**、**社会的に望ましい行動**や**問題が起きたときに解決しようとする態度**などが含まれます。

　このような効果を明らかにした番組が『セサミストリート』です。セサミストリートは1969年に連邦政府とその他の慈善的な資金援助によって始まりました。

　『セサミストリート』は以下のような特徴があります。

◎親近感をもってもらえるようなパペットと呼ばれる操り人形を使用。

◎教育番組として、子どもたちに楽しく数の数え方やアルファベットなどの就学準備に必要なトピックを教える。

◎登場するキャラクターたちは、動物やモンスターが混ざった愉快な仲間たちで、現実社会の縮図を表している。

　これまでの研究では、幼児を対象に語彙獲得への効果が明らかにされ、さらに一緒に視聴する大人の言葉かけが大きな教育効果をもたらすという結果が得られています。

参考：Rice, M.L., Huston, A, C. Truglio, R. Wright, J. (1990) Words from "Sesame Street": Learning vocabulary while viewing. Developmental Psychology, Vol26(3), pp.421-428.

セサミストリートの教育的効果

　「G is for Growing」は、世界的に成功を収めた教育テレビ番組『セサミストリート』に関する研究をまとめた書籍です。この書籍では、教育用コンテンツの開発、分析、評価方法について触れられています。セサミストリートを制作したCTW（Children's Television Workshop、現 Sesame Workshop）は、番組制作者、教育内容の専門家、調査研究者が協力してチームを組んでいます。教育的な効果を高めるために、次のようなデザイン原則が採用されました。

＜デザイン原則＞

◎文字は目立つように、動きをもたせる。

◎親しみにくいものは、親しみのあるものを使って表現する。

◎コーナー内の活動は注意を引くように構成される。この注意が理解につながる。

　番組の制作過程では、途中段階で行う評価である形成的評価（Formative Research）を通して番組を継続的に改善しました。また、外部機関による総合的評価（Summative Research）を通して番組の効果を確認しました。このプロセスにより、セサミストリートのコンテンツは確かなものとなり、大きな成果を上げてきました。📱

社会的学習理論

　心理学者アルバート・バンデューラは、人間が他者の行動を観察することでも学習できるという理論を提唱しました。これは「**モデリング学習**」とも呼ばれ、子どもたちは直接の体験だけでなく、他者（モデル）の行動を観察することからも学びを得ることを実証しました。また、映像を通じても同じような学習が可能であるとされています。

安全な動画プラットフォームの選び方

　乳幼児は一人で勝手に視聴することがなく、保護者の管理が行き届いていると考えがちです。しかし、幼い頃から時間のコントロールを意識させたり、質の良いコンテンツに触れられるような環境を整えることが大切です。そこで、安全な動画プラットフォームを選ぶ際のポイントを挙げます。

　現在、子ども向けの安全なデジタル環境を提供するための選択肢として、「Amazon Kids+」が使用可能な子ども向け端末（Amazon Fire）や、Google Kids Spaceを利用してAndroid端末を子ども仕様に変更する方法があります。これらのプラットフォームや端末は、子どもが安全にコンテンツを利用できるように設計されており、保護者にとっても管理しやすくなっています。保護者が独自に管理を行う場合は、以下の項目を確認するとよいでしょう。📱

1　コンテンツの質と安全性

　教育的価値のあるコンテンツや子どもの発達に適した内容を選びましょう。YouTubeKidsやNHKキッズなどの動画アプリを活用することもおすすめです。また、信頼できる提供元かどうかも確認しましょう。

2　保護者のコントロール

　アプリによっては使用時間を制御できたり、動画の再生履歴を確認することができる機能があります。スマホやタブレットのタイマー機能を使うこともおすすめです。子どもが別の端末を使用する際は、ファミリーリンクを使って最適な設定をすることができます。子どものデバイスの利用時間の把握、位置情報の共有、プライバシー設定の管理などが可能です。

3　広告の表示

　無料の動画サイトでは広告が表示され、子どもの注意が削がれる場合があります。乳幼児には適さない広告や不適切なコンテンツが表示されない注意も必要です。

4　年齢に適切な内容

年齢に応じたコンテンツが提供されているかどうかを確認します。乳幼児には、複雑な編集が施された映像や、早い場面展開の動画は理解が難しいとされています。

5　レビューと評価

事前にどのような映像かを保護者が確認できると安心ですが、難しい場合はレビューや評判を確認するようにしましょう。

6　プライバシーとセキュリティ

動画を再生するだけのプラットフォームであれば問題ありませんが、アプリ内課金や無意識のクリックにより情報が流出しないよう注意しましょう。

NHKキッズ

「NHKキッズ」は日本放送協会（NHK）が提供するアプリで、主に3歳から7歳の子どもを対象としています。『ピタゴラスイッチ』『ノージーのひらめき工房』『新・ざわざわ森のがんこちゃん』など、乳幼児から小学校低学年向けの番組の動画を中心に、さまざまなコンテンツを視聴することができます。

＜ポイント＞

◎Eテレからセレクトされた動画が見られます（コマーシャルや他の映像が割り込まないので安心）。

◎時間の約束ができ、スクリーンタイムを意識するきっかけになります。

◎視聴履歴を保護者が確認できます。

　教育的に意義のある動画ばかりですが、映像で終わらず、動画で出てきた工作や遊びを実際にチャレンジすることをおすすめします。📱

出典：NHKキッズ（https://www.nhk.or.jp/school/kids/）

YouTube キッズ

　YouTubeの子ども版です。子どもたちに人気の動画や新しいコンテンツを、安全かつ簡単に楽しむことができます。まず、大人のアカウントでログインし、子どものプロフィールを作成します。プロフィール設定で、子どもの動画の範囲を選択したり、動画やチャンネルをブロックすることもできます。子どもが視聴した動画の履歴を確認することができます。📱

YouTube キッズの機能

タイマー機能：動画視聴時間を制限できます。

再生履歴の確認：子どもの視聴履歴を確認できます。

コンテンツのブロック：不適切と思われる動画やチャンネル自体をブロックできます。

問題の報告：動画を報告して審査を促すことができます。24 時間年中無休の体制で審査します。

出典：YouTube キッズ（https://www.youtubekids.com/）

親子で楽しむ動画アクティビティ（歌や踊り）

　子どもと一緒に歌や踊りを楽しむ時間は、単なる遊びの時間以上の価値があります。歌や踊りに合わせて身体を動かすことで、子どもは楽しみながらリズム感や協調性を自然と身につけ、自分の感情を表現することも学びます。これらの活動は、子どもの創造力や表現力を育て、社会性や自己表現スキルにもつながるでしょう。

　さらに、家族で音楽やダンスを共有することは、お互いの新しい一面を発見し、親子の絆を深める機会となります。何よりも子どもは、保護者の楽しんでいる姿を見ることが嬉しいものです。また、お気に入りの歌や踊りを何度も繰り返していると、映像を見ていない普段の場でも自然と出てきて、一緒に楽しめることでしょう。

　「**おかあさんといっしょ**」や「**しまじろうのわお！**」のような子ども向け番組にはたくさんの歌や踊りが含まれています。「**ケロポンズ**」は、1999年に結成された子ども向け音楽・体操を作る2人組の音楽ユニットです。代表作「**エビカニクス**」は、長年にわたり子どもたちに愛され続けています。

　長時間の動画視聴でも、歌や踊りを楽しむのであれば、運動につながり、肥満やストレスの解消にもなりますね！　子どものスキルを育む絶好の機会であり、保護者にとってもリフレッシュするチャンスです。座って動画を視聴するだけではなく、映像を見ながら、親子で歌や踊りを楽しむ時間を作りましょう。📱

かえるのコはカエルチャンネル

ケロポンズYouTube チャンネル

こどもちゃれんじ TV

視聴内容の選び方

　アメリカのNPO団体**コモンセンスメディア**のコンテンツの評価方法を紹介します。このサイトが日本語訳されていないのが残念ですが、教育関係者や保護者、子どもにかかわる多くの人が手がかりにしている大規模な情報サイトです。内容は、動画やゲーム、教育系アプリとさまざまなコンテンツを網羅しています。**コモンセンスメディア**では、教育者や研究者、実践者が協働し、日々大量にリリースされるコンテンツに対し、しっかりとした基準を設けて、レイティングを行っています。

　このサイトではどのコンテンツも9つの基準で評価され、保護者が閲覧できるようになっています。その中で、未就学の子どもが使用するコンテンツで重要なポイントを4つ挙げます。

教育価値：コンテンツが学習に役立つかどうかを検討することが重要です。

操作の容易性：操作が複雑だと子どもはストレスを感じ、良いコンテンツでも使いこなせない可能性があります。

暴力的描写の有無：特に幼い子どもには、暴力的な描写に配慮する必要があります。

対価：有料のアプリやシステムは、価格に見合う内容かどうかを検討しましょう。幼児向けのアプリは無料のものが多いですが、有料で価値のあるコンテンツも存在します。一方で、利益を重視する課金システムのアプリもあるので、選択には慎重になることをおすすめします。

　国内にもブログや企業が提供するコンテンツ紹介サイトはありますが、これらの4つの観点をもとに、子どもが視聴するコンテンツを選ぶとよいでしょう。🗖

コモンセンスメディアのホームページ

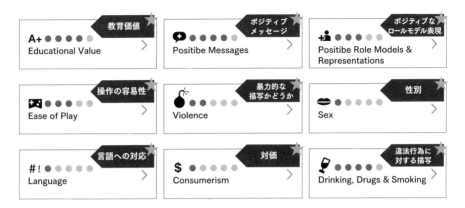

出典　https://www.commonsensemedia.org/about-us/our-mission/about-our-ratings

メディアリテラシーの芽の育成
——事実とフィクションの区別

　教育的なテレビ番組*を用いた多くの研究が示すとおり、教育的に配慮された動画の視聴は就学後の成績向上と関連しています。しかし、乳児期は、以下の点を考慮するとよいでしょう。

◎1歳未満の子どもは、スクリーン上に表示されるものを現実のものと認識する可能性がある。

◎1歳未満の子どもは、理解可能な番組と理解不能な番組を区別せずに視聴する傾向がある。

◎2歳児は、聴覚情報を手がかりにして視聴を始めることが多い。

◎多くの研究では、30か月になるまで学習効果が不十分である。

　幼児期になると、教育的に配慮された番組からは語彙や知識を学び取ることができます。

視覚の形式的特徴

　教育的に配慮された動画の視聴は、「視覚の形式的特徴」も学ぶことができます。「視覚の形式的特徴」とは、フォーマット（実写vsアニメーション）、カット、ワイプ、ディゾルブ、ズーム、パンなどの制作と編集技術を指します。

　学ぶ内容は番組の内容によって異なり、例えば物語形式のテレビ番組は、語彙だけでなく、表現言語の向上に影響を与えるとされています。

　研究によると、18か月の子どもは、場所や時間、行動の連続性に関する編集上のしきたりを推測的に理解し、各画像を超えた内容の連続性を理解し始めます。カメラのアングル、動き、ズームなどの制作技術と、編集されたモンタージュを理解するためには、推測プロセスが必要です。また、視点をもった画像では、カメラが物語の登場人物の視点を反映していることを視聴者は理解しなければなりません。さらに、登場人物の思考や感情、内的状態についても推測する必要があります。

　テレビは受動的メディアとされ、認知処理が容易で心的努力（amount of

invested mental effort：AIME）を必要としないと指摘されていますが、教育的な内容であれば、**注意**、**記憶**、**理解**、**空間認知**、**心の理論**などを含むさまざまな認知的能力とスキルを使用しています。これらのスキルは、子どもたちがメディアで提示される情報を理解し、現実世界と創作された世界を区別する能力につながります。

　このプロセスでは、保護者や教育者の積極的な関与が重要です。子どもは保護者が視聴する画面を注視する傾向にあります。番組を一緒に見ながら、子どもと内容について話し合う習慣をつけることをおすすめします。子どもたちがメディアの中で提示される情報を適切に理解し、それを日常生活や学習に活かすことができるよう、適切なガイダンスとサポートを提供することが、将来、情報豊かな社会で生きる上での重要なスキルを育成することにつながります。

※「セサミストリート」「ミスターロジャース・ネイバーフッド」「ブルーズクルーズ」「ドラゴンテイルズ」「テレタビーズ」などの番組で研究が行われています。

参考：Lerner, R. M.（2022）「児童心理学・発達科学ハンドブック」(22章メディアと認知発達). 福村出版

賢いスマホ活用

③保護者の使い方

保護者自身のメディア使用

　デジタル技術は世界中の家庭生活に大きな変化をもたらしています。これまでの章では、子どもたちのデジタルツールの使用方法と、その利用をサポートする保護者の役割に焦点を当ててきました。本章では、保護者自身のメディア使用に注目します。

家族全員のメディア計画

　アメリカ小児科学会（AAP）が提供する「**Healthy Children.org**」は、家族全員のためのメディア計画を作成するためのウェブサイトやアプリを用意しています。無計画なメディア使用は、直接的な対話や家族との時間、屋外での活動、運動、リラックスタイム、睡眠など、多くの重要な活動を奪う可能性があります。「Healthy Children.org」の「**家族全員のメディア計画**」は、保護者を含む家族のニーズに合わせてスケジュールをカスタマイズできます。まず、家族メンバー、**優先順位**を登録します。

　優先順位とは、メディア利用において家族が大切にしたい項目を選ぶこと、家族の目標を設定することです。この項目には「**メディアバランス、メディアに関するコミュニケーション、優しさと共感、デジタルプライバシーと安全性、スクリーンの非接触エリア、スクリーンの非使用時間、良いコンテンツの選択、家族でメディアを共有する**」※が含まれます。この項目の具体的な内容には、メディアとの上手なつき合い方のヒントが満載です（図表4-1）。

　家族のメディア計画を実践することは大変かもしれませんが、保護者も含めた「家族」としてのかしこいメディア計画の利用をお勧めします。📱

※メディア利用に対する優先順位

出典：Healthy Children.org

■図表4-1　「HealthyChildren.org」が提供する「家族全員のメディア計画」

メディア・バランス

私たちは日々、家庭、学校、職場でメディアやデジタル機器に囲まれています。同時に、家族や友人、教師と直接顔を合わせて過ごす時間が、子どもの学習と健全な成長にとって非常に重要であることがわかっています。

メディアバランスを、次のような方法で実現する
- 家族で毎日、スクリーンを使用しない活動を計画する。
- オンライン活動を追跡し、時間を取りすぎている活動について話し合う。
- 誰も使用していないメディアの電源を切る習慣を身につける。
- 地域社会の活動に積極的に参加する。
- デバイスのアプリ数を減らす。
- ロック画面にリマインダーを設定する。
- 子どもの毎日をメディアよりも遊びで満たす。
- メディア使用の時間制限を設ける。
- スクリーンタイムが身体活動や健康的な食事の妨げにならないようにする。
- 不健康なビデオゲームの習慣を防ぐ。
- 自分自身の感情を紛らすためにメディアに頼ってしまうタイミングを理解し、より健康的な対処法を見つける。

メディアに関するコミュニケーション

メディアはタブー視されるべきではありません。私たちの日常生活に密接にかかわるものであるため、話題を避けるのではなく、取り上げましょう。車の中、夕食の席、家族団らんの時間など、日常生活の中でメディアについて話し合うことで、それが自然なことになります。

メディアについて、次のような方法で伝えていく
- 日常的にメディアについて話す。
- 衝撃的な内容や動揺させるようなメディアの内容について話し合う。
- オープンマインドでお互いの意見を尊重し、話に耳を傾ける。
- 小さな子どもたちにも言葉に出して話すことを意識させ、メディアについて伝える方法を教える。
- メディアと私たちの感情がどのように関連しているかを意識する。
- インターネット上の広告を見分ける方法を学ぶ。
- メディアがメンタルヘルスに及ぼす影響について話し合う。
- ソーシャルメディアがいつ、どのように不適切または有害であるかを理解する。

優しさと共感

　ネット上でもオフラインでも、他人に対して親切で理解ある態度をとることは、健全で尊敬に値する人間関係を築く上で重要です。メディアを積極的に利用する際の鍵になります。

優しさと共感を次のような方法で実践する
- オンラインでもオフラインでも、他人を尊重する。
- ネットいじめに対処するための計画をもつ。
- オンラインでもオフラインでも、礼儀をもって他者を思いやる。

デジタルプライバシーと安全性

インターネットは未開拓の領域のようなもので、必ずしも子どもの安全を考慮して設計されていません。デジタルを安全に使うルールについて話し合いましょう。プライバシーの設定、不適切なコンテンツの報告、オンラインでの行動に関して継続的に対話しましょう。

デジタルプライバシーと安全に関するルールを設定し、話し合う
- 過度に情報を共有しないようにする。
- メディアの罠、不適切なコンテンツについて議論し、それらを避ける。
- 発達、社会性、情緒的スキルの妨げにならないよう、幼児のメディア利用を適切に制限する。
- プライバシー設定を検討し、最高レベルのセキュリティに設定する。
- 良いデジタル市民としての行動について話す。
- オンラインでチャットする際の安全ルールを決め、それに従う。

スクリーンの非接触エリア

家庭内でスクリーンを使用しない場所を設けることは、子どもの健康と発達にさまざまな利点をもたらします。スクリーンを使用しない場所を家族で明確に決め、それに同意することが重要です。

次のようにスクリーを使用しない場所を設定する
- 食事の際にはスクリーンを使用しない。
- 寝室にはスクリーンを持ち込まない。
- 運転中にメールやウェブ検索、ライブストリーミングなどを行わない。
- ベビーカーやショッピングカートをスクリーンフリーにする。
- 登下校時にデバイスを使用しない。
- 13歳までは、親のサポートの下でソーシャルメディアの使用を控える。
- 学校でのデバイス使用に関する計画を立てる。

スクリーンの非接触時間

一日中あらゆる場所でスクリーンに接触する必要はありません。家族との会話や遊びの時間を大切にすることは、子どもの健康と成長にとって非常に重要です。

次のようにスクリーンを使用しない時間を設定する

- スクリーンやメディアを使用してもよい曜日を選ぶ。
- 宿題とスクリーンの使用に関する計画を立てる。
- 一度に1つのスクリーンのみを使用する。
- 登校前はスクリーンの使用を避ける。
- 週1日、スクリーンを使用しない日を設定する。
- 家族の時間や遊びの時間中は、スマホをマナーモードに設定する。
- メディアの使用が睡眠を妨げないようにする。
- 就寝前の1時間はスクリーンの使用を避ける。

良いコンテンツの選択

数百万もの番組、アプリ、ビデオゲームが家族の注目を集めようと競い合っています。家族に適したコンテンツを見つけるのは難しいかもしれませんが、子どもに創造的な経験を提供し、肯定的なロールモデルを示し、本当の楽しさを与えるメディアを選ぶことは非常に価値があります。

以下の方法で家族に適した良いコンテンツを選ぶ

- 質の高いコンテンツを選ぶ。
- メディアの使用をより意図的に行う。
- 創造性、教育性、向社会性、積極性に重点を置いたメディアを優先する。
- 新しいビデオゲームを購入またはプレイする前に、家族でレビューを行う。
- オンラインでの支出に関する計画を立てる。
- 新しい番組やアプリの試用や、不要なアプリのアンインストールなど、家族で実践する。

家族でメディアを共有する

すべてのスクリーンタイムが同じではありません。例えば、家族で映画を観たり、教育的なビデオを一緒に見たり、学習アプリを共に探求したりすることで、スクリーンの時間が家族の絆を深める貴重な時間に変わります。デジタルメディアを家族で共有することは、親子の絆を強め、学びを促進し、子どもの成長を大切に思っていることを示す機会となります。

以下の方法で、家族で頻繁にメディアを共有する

- 家族で映画鑑賞の時間を計画する。
- メディアの共同視聴を通じて子どもとの絆を深め、学びを促進する。
- 家族でアプリやゲームを楽しんだり、ビデオを一緒に観たりする。

参考：Healthy Children.org

デジタル子育てと育児観

CRNAが実施した「子どもの生活に関するアジア8カ国調査 2021」では、日本を含むアジア8カ国の5歳の子どもをもつ母親を対象に調査が行われました。CRNA*日本チームのカントリーレポートによると、通常の子育てのアプローチがデジタル子育てにも反映されていることが明らかになりました。このことは、子どもに豊かな体験を提供したいと考える保護者は、デジタルツールの使用においても「操作が難しい場合は支援する」「理解できない言葉が出たら一緒に調べる」といった支援的な姿勢をとる傾向があることを示しています。つまり、アナログやデジタルに関係なく、子どもたちの体験を重視しサポートする保護者は、デジタルツール使用時も子どもの豊かな体験を大切にしていることが伺えます。

一方で、デジタルツールに対して不安を抱える保護者は、主にゲームやYouTubeの使用を想像していました。子どものデジタルツールの使用がゲームなどの娯楽に限られるか、親子で一緒に調べものをするなどの教育的な活動に利用されるかによって、その影響は大きく異なります。

デジタルツールの使用に不安を感じる保護者は多いですが、まずは創造的で教育的な効果のある使い方を模索する姿勢が重要です。

※CRNAはCRNアジア子ども学研究ネットワークを指す。ベネッセ教育総合研究所が後援するチャイルドリサーチ（CRN）がアジア諸国と連携している。

「困難な状況に適応して回復する力」レジリエンス

　レジリエンスとは、困難やストレスの多い状況に直面した際に、それを乗り越えたり、適応したりする心理的な回復力や弾力性を指します。

　CRNAが実施した「子どもの生活に関するアジア8カ国調査2021」調査結果から、「**ウェルビーイング**（心身の良好な状態、幸福）」において「**レジリエンス**（困難な状況に適応して回復する力）」の育成が重要であることが明らかになりました。また、日本を含む複数の国で、レジリエンスの向上には「母親の養育態度」や「園（保育者）のサポート」が影響していることが確認されました。さらに、「母親の養育態度」と子どものデジタルツール使用時の親の支援方法が関連しているという結果も得られました。

参考：【日本】CRNA国際共同研究：アジア諸国にみる「ハッピー＆レジリエントな子どもをどう育むか」
日本のカントリーレポート

模範とされる保護者

　前頁では、保護者の子育て観が子どものデジタルメディア使用時の支援方法と関連していることを紹介しました。次に、保護者がどのように支援するかだけでなく、保護者自身のデジタルの使用方法が子どもに与える影響について考えてみましょう。

　保護者は子どものデジタル体験を支援する重要な役割を担っています。加えて、子どもが生涯にわたってデジタルメディアを効果的に利用するための**主体性**と**エンパワメント**を育む存在であるともいわれています。研究によると、インターネットの安全対策を実施し、健全なデジタル行動を示し、子どものデジタル習慣を継続的に把握している保護者の子どもは、ネット上での否定的な行為の被害者や加害者になる可能性が低いといいます。また、これらの子どもは**デジタルレジリエンス**（デジタル世界でのリスクに直面しても適切に対応し、前向きに適応し、関連する危害を最小化する能力）をもつ可能性が高いとされています。

　子どもは常に保護者の行動を観察し、良し悪しにかかわらず模範としています。ですから、保護者がデジタルメディアをうまく活用し、適切なコントロールを心がけることが、子どものデジタルメディア利用において肯定的な影響を与えることになるのです。

デジタルレジリエンスの特徴

　21世紀を生きる子どもたちにとって必要な力として、デジタルレジリエンスが注目されています。デジタルレジリエンスとは、オンラインでの逆境に直面した際に前向きに適応する能力のことで、図表4-2のような特徴をもっています。📱

■図表4-2　デジタルレジリエンスの特徴

- 異なる背景をもつ人々との対話に抵抗感がない。
- 自分の意見をオンライン上で自信をもって表現できる。
- ソーシャルメディアを通じてつながっている人々の幸福に責任を感じる。
- 何かの出来事について真実かどうか確信がもてない場合、共有する前に事実を確認する。
- 人々がインターネット上で投稿する際の動機を考慮する。
- 友人がインターネットで困っている場合、助けたいと思う。
- 自分と異なる意見や考えをオンラインで積極的に探す。
- インターネット上でヘイトスピーチに遭遇した際の対処方法を知っている。
- ソーシャルメディアのコンテンツを削除する方法を理解している。
- 「私たち」と「彼ら」の言い分がどういうものかを理解している。
- ソーシャルメディアの動画や画像が、感情を操るために作られていることを認識する。
- ヘイトスピーチと言論の自由の違いを理解している。
- **エコーチェンバー**※が何であるかを理解している。

（注）
出典：Reynolds, L., & Parker, L. (2018). Digital resilience: Stronger citizens online. Institute for Strategic Dialogue: London, UK.　ISD Digital Resilience: Stronger Citizens Online：https://www.isdglobal.org/wp-content/uploads/2018/05/Digital_Resilience_Project_Report.pdf

※ソーシャルメディアを利用する際、自分と似た興味・関心をもつユーザーをフォローする結果、意見をSNSで発信すると自分と似た意見が返ってくるという状況を、閉じた小部屋で音が反響する物理現象にたとえたもの（笹原和俊（2018）『フェイクニュースを科学する』）

デジタルメディアに対する保護者の対応

　子どもが使用するデジタルツールは年々多様化し、コーディングキットのような創造的なデジタルおもちゃや、創造志向の教育メディアが登場しています。多くの保護者は子どもがプログラミング思考を身につけることに肯定的ですが、プログラミング経験がない保護者にとっては、どのようにかかわるべきか悩むところでしょう。

　創造志向の教育メディアと幼児とのインタラクションにおいて、保護者がどのように対応したらよいか、次のように示されています。

> **準備的仲介** >>> **創造的仲介** >>> **管理的仲介**

準備的仲介：子どもがデジタルメディアを利用するために必要な準備や探索を行うこと
◎有益な新しいデジタルメディアを見つけ、その使い方を学ぶ。
◎子どもが使用するための設定（アプリのダウンロード、電池のセット、Wi-Fiの設定など）を行う。
◎子どものアクセス権を管理する。

創造的仲介：子どもの創造活動と学習を支援する
◎使用方法を実演し、説明する。
◎最初は親子で協力して共同で活動する。アイデアを出し合ったり、順番に使用したり、競争することもある。
◎子どもが慣れてきたら、間違いを許容しつつ自主性を尊重する。
◎技術的な問題の解決をサポートする。

管理的仲介：子どものメディア利用を観察し、適切に管理する
◎子どもの行動を観察しながら励ます。
◎使用時間を管理する。

◎デバイスの適切な取り扱いについてのルールを設定する。

◎兄弟間での共同作業を促す。

◎必要に応じて手助けをする。

　これらの特徴をみても、子どもがデジタルメディアを使用して学びや創造を行う際、保護者はさまざまなアプローチで支援し、積極的な実践を行うことが重要であることがわかります。新しいメディアや技術が登場するにつれて、子どもと一緒に学びながら、保護者の仲介方法も進化し続ける必要があるといえるでしょう。

参考：Yu, J., DeVore, A., & Roque, R. (2021, May). Parental mediation for young children's use of educational media: A case study with computational toys and kits. In Proceedings of the 2021 CHI conference on human factors in computing systems (pp. 1-12).

保護者からの特徴的なかかわり

　デジタルメディアにかかわる子どもに対して、保護者のかかわりがとても大切だと述べてきました。デジタル時代に現れた保護者の行動の特徴に対し、OECDは懸念される行動として以下記の特徴を挙げています。

デジタルツールの優先度（Parental phubbing）

　保護者がデジタルツールに夢中になることで、子どもや配偶者への対応の優先順位が下がる傾向があります。保護者との対話が阻害されると、親子関係に悪影響を及ぼす可能性が懸念されています。

SNSへの共有（Sharenting）

　子どもに関する情報を保護者がSNS上で共有することが増加しています。これには次のような内容が含まれます。
◎不適切な写真（裸や半裸、好ましくない状況での姿など）
◎デリケートな情報やコンテンツ
　子どもが小さいころは、本人の同意を得ずに情報を共有することがありますが、過度な共有は将来的に子どもとの関係を悪化させる可能性があります。また、写真が悪用されるリスクもあります。

過剰な保護と監視

　デジタルツールにより1日中子どもを監視できることから、「ヘリコプ
ター・ペアレント」と呼ばれる保護者の行動が顕著になっています。これは、
子どもを潜在的なネットの危害から守り、成功に導くために、ヘリコプター
のように上から監視し、干渉することを指します。妊娠期から始まり、胎児
の様子を確認したり、誕生後は24時間Webカメラで見守ったりする行為が含
まれます。

　しかし、干渉が大きすぎると、子どもが自分の選択に責任をもつことを妨
げることにつながり、期待やプレッシャーの増加、ストレスや不安の増大を
感じることになるでしょう。

　これらの指摘は、デジタル時代における子育てにおける新たな課題を浮き
彫りにし、保護者がデジタルメディアを利用する際の注意点を提供していま
す。保護者の行動は子どもに大きな影響を与えるため、デジタルメディアの
使用に際しては、その役割と責任を深く認識し、適切に振る舞うことが重要
です。📱

参考：OECD(2020) Why parenting matters for children in the 21st century. https://www.oecd.org/publications/why-parenting-matters-for-children-in-the-21st-century-129a1a59-en.htm

家庭におけるデジタル格差

デジタル格差（デジタルデバイド）について、以前はデジタルテクノロジーへのアクセスの有無が主な問題でした。アクセスできないことで、子どもがデジタルテクノロジーの恩恵を受けられず、リスクを予防・管理する情報源も得られないことを意味し、社会的不平等の一因とされていました。

現在ではアクセスの格差はほぼ解消され、第二の格差として「デジタルを用いてどのような活動をするか？」「どのような体験をするか？」という差が問題視されています。恵まれた体験をしてきた子どもは、コンピュータと情報リテラシー、計算思考スキルがあり、デジタルリスクへの意識が高く、リスク予防行動を多くとる傾向があります。また、デジタルテクノロジーを安全かつ生産的に利用できます。

家庭環境は、子どものデジタル・リテラシーを育む主要な場所となっています。デジタルスキルの差は幼児期から生じていく可能性が高いため、家庭の役割は重要です。

リスク認識が低いとどうなる？

デジタル・リテラシーの低い保護者は、デジタル世界での子育てに必要なスキルの不足が見られる傾向があり、リスク管理能力に自信がなく、デジタルテクノロジーに対して否定的な見方をし、制限的な手段を採用することが多いです。さらに、デジタルスキルやリスク認識が低い場合、リスクに対して寛容になることもあります。その結果、子どものデジタルメディア利用へのかかわりが少なくなり、子どもは極端な使用傾向に陥ることがあります。過度のスクリーン利用は、睡眠の質の低下、肥満、生活満足度の低下、社会情緒的幸福度の低下、学業成績の低下と関連していることを示す調査が多くあります。

対照的に、デジタルスキルが高い保護者は、デジタルメディアに対して多様な認識と態度をもち、子どもとの共同利用、監視、支援を多く行います。デジタルツールの使用を可能にするアプローチは、子どもの探究心と学習を奨

励し、なぜ特定の行動が危険か、不適切かを説明することにつながります。つまり、保護者自身の**デジタル・リテラシー**が、子どもがデジタルツールで経験する機会とリスクを規定しているのです。

　今日、デジタル技術は、家族の相互作用を媒介するツールにもなっています。家族がデジタル技術を一緒に積極的に体験することは、家族のアイデンティティを形成し、「私たちらしさ」を感じさせることができます。デジタル技術の共同利用は、デリケートな話題についての会話のきっかけとなることもあります。家庭におけるデジタル格差が生じないよう有効に活用しましょう。📱

園と連携してみよう

園でのICT活用の実際

・・・

保育でのICT活用

　幼児教育の場では、ICTの活用が進み始めていますが、主に2つの方面での活用がみられます。保護者としても、園でのICT活用という新たな展開を見据えて、賢く連携していくとよいでしょう。

保育での活用…保育の場では、子どもたちが主体的にICTを活用することが始まっています。例えば、子ども自身が写真や動画を撮影し、それらを友達と共有する活動や、撮影した内容の振り返りなどが行われています。

園業務のICT化…登園管理システムや連絡帳アプリの導入など、園業務のICT化が進んでいます。また、保育記録に写真や動画を用いるドキュメンテーションの活用も広がっており、保育者の振り返りや保護者との情報共有に役立てられています。

参考:佐藤朝美, 野口哲也, 大澤香織, 井上篤, 池谷大吾, & 山内祐平. (2017). ICT を活用したカリキュラムが子どもの活動へもたらす効果の分析. チャイルド・サイエンス= Child science: 子ども学, 14, 11-15.

デジタル・リテラシー

　OECDでは、幼児教育の場で早期からのデジタル・リテラシーの育成が重要視されています。早期のデジタル・リテラシーには、デジタル機器やソフトウェアの使用能力、デジタルコンテンツの消費・制作能力、デジタル世界への有意義な参加能力が含まれます。📱

早期のデジタル・リテラシー

　「早期デジタル・リテラシー」とは、幼少期からデジタル・リテラシーの基礎を築くことである。これは、遊びやウェルビーイング（心身の良好な状態）、社会情緒的発達、認知的発達を目指すもので、デジタル技術を遊びや自己表現に活用する感覚や、学習に活用する感覚、計算的思考の感覚、デジタル・リスクから身を守る感覚を育むことが含まれている（図表5-1）。

　デジタル・リテラシーとは、デジタル機器やソフトウェアを使用する能力、デジタルコンテンツを消費・制作する能力、デジタル世界に有意義に参加する能力を

指す。さらに、デジタル技術を使いこなすだけでなく、デジタル技術のリスクと利点を理解し、自分自身を守り、デジタル技術の可能性を実現できるという概念を含んでいる。

　また、デジタル・リテラシーは、学習や仕事、社会参加のために、デジタル技術を自信を持って、批判的かつ責任を持って利用し、活用するための知識、技能、態度の組み合わせとして理解される。情報とデータのリテラシー、コミュニケーションとコラボレーション、メディアリテラシー、デジタルコンテンツの作成（プログラミングを含む）、安全性（デジタルウェルビーイングとサイバーセキュリティに関する能力を含む）、知的財産に関すること、問題解決と批判的思考が含まれる。デジタル・リスクから身を守る方法、遊びや自己表現、学習のためのデジタル技術の使い方、コンピュータの仕組み（コンピューテーショナルシンキング）など、幼少期から身につけられるいくつかの側面がある。デジタル時代における認知的・社会的情緒的スキルの重要性の変化に適応させるアプローチもある。いずれにせよ、多くの国で重要な課題であると考えられている。

出典：OECD,(2023),StartingStrong Ⅶ:Enpowering your children in the digital age.

■図表5-1　早期デジタル・リテラシーの主な側面

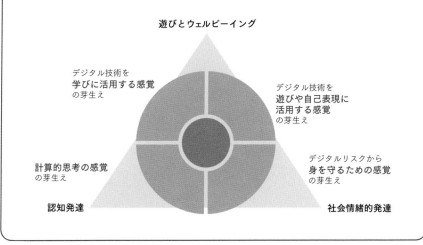

遊びとウェルビーイング

デジタル技術を
学びに活用する感覚
の芽生え

デジタル技術を
**遊びや自己表現に
活用する感覚**
の芽生え

計算的思考の感覚
の芽生え

デジタルリスクから
身を守るための感覚
の芽生え

認知発達　　　　　　　　　　　　　　　　　　　　**社会情緒的発達**

園とのICT活用（種類や活用方法）

　園にICTが導入され、保育者との連絡にICTを使うことが日常になってきました。ただし、種類が豊富になってきたこともあり、何をどのように活用すべきか戸惑われることもあるかもしれません。**NAEYC（全米乳幼児教育協会）**が提供する園と保護者のパートナーシップに関するテキストでは、デジタルツールの特性と連絡内容について、下記のように整理しています。

電話：緊急を要する場合や直接話す必要がある場合に有効。ただし、勤務時間など、保育者も保護者もお互いに相手の状況を配慮する必要がある。

電子メール・テキストメッセージ：直接会えない個人やグループ間に気軽に対話できる手段。電子メールでは、文書、添付ファイル、写真、動画、他のサイトへのリンクなどを送信できる。テキストメッセージは文字のみだが、より手軽に連絡を取ることが可能。

ソーシャルメディア（SNS）：テキスト、写真、動画、スキャンした画像、リンクをリアルタイムで共有できる。多くのSNSサイトでは閉じたグループを作成できるため、特定の保護者や保育者とのコミュニケーションが可能。

ブログ：定期的に情報を入手できる。投稿には、行事やイベント、園の方針に関する内容のほか、他の資料や動画へのリンク、写真の共有が含まれる。また、閲覧者がコメントを入力できる機能もある。

Webページ：園の教育方針、カリキュラム、連絡先、年間のカレンダー、保育者の情報などを閲覧できる。園によっては、保護者専用のパスワードを提供し、園での様子などのプライベートな情報を共有している。

テレビ会議：保護者と保育者が遠隔地からでも同時に参加できる。保護者会や行事説明会等を気軽に開催でき、日程調整できない保護者には録画も残せる。

アプリ：登園管理に加え、保育日誌など日常的なコミュニケーションが可能な機能が組み込まれたアプリが企業により開発されている。

写真と動画：園での日誌に写真や動画を用いることが増えている。アルバム

サイトでは、画像認識が実装されているものもあり（例えば、ルクミー※）、子どもの顔を自動判別し、個別に振り分けられる。クラウド上で家族と簡単に共有することができ、家族から写真や動画を追加することができる機能もある。

デジタルポートフォリオ：子どもの記録で、写真、観察日誌、エピソード記録、作品、文書、評価ツールなどを含む。デジタル化により、動画や音声を含めた多様な記録を残せるようになり、容易に共有できる。成長過程を視覚的に追跡でき、アナログ作品の写真保存やダンスの上達過程なども記録できる。

※ルクミー　https://lookmee.jp/（2024.04.01参照）

　日々、保育者とのコミュニケーションを取ることはとても大切です。メディアの各々の特性を踏まえ、上手にデジタルツールを活用していきましょう。📱

出典：Keyser, J. (2017). From Parents to Partners: Building a Family-Centered Early Childhood Program 2nd Edition, Kindle Edition by Janis Keyser Publisher: Redleaf Press; 2 edition.

参考：佐藤朝美（愛知淑徳大学）・野澤祥子・城戸 楓・山内祐平（東京大学）, (2021), 「園と家庭のパートナーシップに寄与するテクノロジーの可能性の検討」チャイルド・サイエンス VOL.22, pp.20-25.

園との情報共有における
プライバシーや著作権の注意点

ICT化に伴い、園との情報共有が進むにつれ、データ共有方法とプライバシー保護、セキュリティに関することが重要な課題になっています。園側の対策も必要ですが、以下については保護者も意識することが大切です。

1) プライバシーの保護

同意の重要性：子どもの写真や動画が園によって共有される場合は、必ず保護者の同意を得るべきです。この同意は、例えば入園時などに確認されることが多いようです。どのような形で情報が共有されるかについてきちんと理解するようにしましょう。

個人情報の取り扱い：日々の保育を通じて、子どもや家族の個人情報がどのように扱われ、保護されているか確認するようにしましょう。また、保護者自身も自分の子どもの写真をSNSに投稿する際、注意が必要です。他の子どもが映り込んでいないか確認しましょう。

2) 著作権の尊重

教材の使用：園は、使用する教材やコンテンツに著作権の違反をしないよう注意している前提ですが、不安に感じる場合は園側に問い合わせることが大切です。

子どもの作品：子どもが園で作成した作品については、子どもに著作権があることをご存じですか？　使用や配布に関して適切な扱いをしているか、園に疑問を感じた場合は、確認するとよいでしょう。

3) セキュリティ対策

子どもや家族に関する情報がどのように保護されているか、どのようにセキュリティ対策しているか、機会があれば確認してみましょう。

4）透明性とコミュニケーション

方針の理解：園のプライバシー保護や著作権に関する方針を示す園が増えてきています。自身の子どもの通う園が示していない場合、一度聞いてみるのもよいでしょう。

開かれた対話：技術の進歩に伴い、想定しなかったリスクが生じることもあります。園との継続的な対話を通じて、自分の子どもにかかわる情報共有についてあり方を一緒に考えていけるといいですね。

　デジタルツールが普及する中、園も現在進行形で課題に取り組んでいます。これらの情報を保育者に直接確認することはハードルが高く、躊躇されるかもしれませんが、トラブルを未然に防ぐことが重要です。他の保護者と一緒に、保護者会などを通じて情報共有を行ってもらうことも一つの方法です。

　園がどのようなデジタルツールを使用しているか、子どもたちのプライバシーと安全はどのように保護されているか、これらの情報を把握し適切に対応することで、ご自身の子どもの安全と権利を守り、保護者としての重要な役割を果たすことができます。他の保護者とも協力し、園と積極的にコミュニケーションをしていきましょう。

園と保護者の協力の重要性（家庭からの情報提供）

　園（幼稚園・保育所・認定こども園）と保護者との連携において、**パートナーシップの関係**を築くことが重要です。

　保育者と保護者が連携することで、保育者は家庭での子どもの様子を把握しやすくなり、保護者も保育に対する理解を深めることができます。

　このような関係性があると、**保護者**は子どもの発達に関する知識を得て、家庭でより良い環境を提供することが可能になります。また、良好なコミュニケーションが**子ども**の学業や社会性、感情の発達、社会適応によい影響を与えることが研究で示されています。**保育者**も、家庭からの情報を通じて子どもをより深く理解し、保護者からの支持を得ることができます。

　園と家庭の密接な関係を築くためには、日常的なコミュニケーションと情報の共有が非常に重要です。デジタルツールを活用して、園からの情報を受け取るだけでなく、家庭からも情報を提供することが推奨されます。例えば、家庭での遊びの様子の写真を園に見せたり、週末に起こった出来事を報告することも、保育者が子どもを理解する上で貴重な手がかりになります。📱

■図表5-2　保育者と保護者のパートナーシップによる恩恵

NAEYC（全米乳幼児教育協会）のテキストによると、保育者と保護者のパートナーシップが構築されることで、子ども、保護者、保育者それぞれに恩恵があるそうです。

子どもにとっての恩恵
保育者と保護者の良好な関係は、子どもの情動的発達を支え、対人関係を学ぶ模範となる。両者の対話から、言葉、身体や声、表情から尊敬と感謝の表現方法、意見の相違を対話で解決する方法を学ぶ。

保育者にとっての恩恵
保護者からの情報により子どもへの理解が深まり、保育に適応できる。信頼が保育への自信につながり、トラブル時にも強化される。理解を得ることで、コミュニケーションがより楽しいものになる。

保護者にとっての恩恵
保育者から情報を得ること、子どもの成長をともに喜ぶことができる。子育てへの新たな視点や教育方法を学べる。子どもの健全な育ちを介して安心感や自信を感じ、家族の孤立感を解消する助けとなる。

参考：野澤祥子, 佐藤朝美, 城戸楓, & 山内祐平. (2021). 園と家庭のパートナーシップの概念の起源と発展に関する検討：アメリカの研究に焦点を当てて. チャイルド・サイエンス＝ Child science: 子ども学, 22, 15-19.
佐藤朝美, 城戸楓, 野澤祥子, & 山内祐平. (2023). 園と家庭のパートナーシップの関係性を再考するオンライン・ワークショップの実践と効果の検証. 日本教育工学会論文誌, 46(Suppl.), 41-44.

遊びを通した学びの重要性

　子どもにとって遊びが発達にとても大切な活動であることをご存じですか？　国連の「**子どもの権利条約**」には、「遊び」に関する内容が盛り込まれおり、第31条では、「児童の年齢にふさわしい遊び及びレクリエーションの活動に従事する児童の権利」が保護されています。

　そして、園においても子どもたちは日々の遊びの中でいろいろなことを発見し、友達と協力し合い、時には葛藤しながら成長していきます。研究では、子どものデジタルを用いた遊びを「Digital Play」と呼び、注目しています。生まれた時から育ちの環境にデジタルメディアが存在する現代の子ども達の視点に立てば、アナログとデジタルの区別はありません。デジタルと非デジタルという大人が二項対立で捉えがちな環境を先入観なく行き来する遊びをDigital Playは意味します。例えば、リモコンカーに障害物コースを設定したり、トランシーバーで遊んだり、プロジェクタで背景を映し出してごっこ遊びを楽しむこともできます。

　また、デジタル玩具は従来のおもちゃに比べて制限が多いと感じる人もいますが、現実には存在しない機会やファンタジーな世界を提供できるというメリットがあります。スクリーンタイムは室内での座りっぱなしの行動と結び付けられがちですが、**Digital Play**は戸外や身体を動かしながらでもできます。

　園では遊びを通した学びが大切にされています。園でのICT活用は調べ物や知識を増やすだけに活用されるのではなく、遊びを充実していくためにも活用されています。

子どもの権利条約…1989年に国連で採択された、子どもの基本的人権を国際的に保障するための条約（日本は1994年にこの条約を批准）です。ナチスから多くの被害を受けたポーランドが素案をつくり、国連での議論を経てできました。
◎「生きる権利」すべての子どもの命が守られること
◎「育つ権利」もって生まれた能力を十分に伸ばして成長できるよう、医療や教育、生活への支援などを受け、友達と遊んだりすること
◎「守られる権利」暴力や搾取、有害な労働などから守られること
◎「参加する権利」自由に意見を表したり、団体を作ったりできること

第31条　子どもが遊ぶ権利
◎締約国は、休息及び余暇についての児童の権利並びに児童がその年齢に適した遊び
　及びレクリエーションの活動を行い並びに文化的な生活及び芸術に自由に参加する
　権利を認める。

締約国は、児童が文化的及び芸術的な生活に十分に参加する権利を尊重しかつ促進す
るものとし、文化的及び芸術的な活動並びにレクリエーション及び余暇の活動のため
の適当かつ平等な機会の提供を奨励する。

出典：平成28年6月16日文部科学省有識者会議資料

遊びとICTの融合

　国内でも保育の場でのデジタル技術の活用が少しずつ始まっています。企
業が提供するアプリやカリキュラムを活用する例や、子どもたちが主体的に遊
ぶ中でICTを取り入れるケースも見られます。

　2021年度に開始された名古屋市のマッチングプロジェクトでは、子どもた
ちの主体的な遊びを基点として、ICTの導入が進められました。例として、ごっ
こ遊びの中で次のようなICT活用が見られました。

メニュー表

　お店屋さんごっこでは、子どもたちが工
作したケーキやクッキーの写真を撮り、そ
れを印刷して切り貼りし、メニュー表を作
成しました。金額を設定し、パウチ加工を
施すことで、カフェなどのメニュー表とし
て見た目も非常によくなり、他の多くのお
店屋さんでこの方法が採用されました。

コマーシャル

　多くのお客さんを引き寄せるため、子どもたちはコマーシャル動画を撮影
し、廊下にあるデジタルサイネージで放映する活動に取り組みました。自分た
ちが登場して商品を紹介するだけでなく、ケーキやお寿司などのおいしそうな

商品をクローズアップで紹介するほうが、より多くの人が集まることを発見しました。この方法は他のお店屋さんにも広がっていきました。

映画撮影

歴史が好きな男児二人が、いつも遊んでいる壇ノ浦ごっこを動画で撮影したことがきっかけで、映画ごっこに発展しました。プロデューサーやカメラマン役に扮した子どもたちが登場し、船や兜などの大道具や小道具も自ら作成しました。年少の子どもたちも映画撮影の見学に招待されました。インスタグラムコーナーでは、武将との撮影が可能。最終的には、みんなで完成した映画の鑑賞会を開催しました。

出典：NAGOYA school innovation ホームページ

KitS（きっつ）

KitSは、株式会社スマートエデュケーションが提供する園児向けの教育カリキュラムです。お絵描き、塗り絵、写真撮影、録音、編集など、デジタルならではのクリエイティブな活動を、園ならではの環境で楽しむことができます。

「**アートポン**」では、紙に描いた絵や工作したものを写真で撮影し、それらを使ってクラスオリジナルの水族館や動物園を作成できます。最後は鑑賞会を開き、みんなの作品を一覧できます。「**おとねんど**」では、録音した音をねんどをこねるように編集できます。この活動も最後には発表会を行い、みんなの作品を一緒に鑑賞します。

その他のアプリも、園での友達やクラスとの活動を通じて、ICTを活用した探究学習を行うことができる仕様となっています。📱

巻末資料

SECTION 01 おすすめアプリ・ソフトウェアの紹介

・・・

アプリ・ソフトウェアの歴史的背景

　おすすめアプリ・ソフトウェアを紹介する前に、単なるゲームや娯楽にとどまらない、学習の領域における教材の歴史的背景を紹介します。

　エデュテインメント・ソフトウェアという言葉を聞いたことがありますか？ 教育（education）と娯楽（entertainment）の造語です。コンピュータが身近になった1980年後半以降、より楽しく学べる可能性があるとして、マルチメディアの機能を駆使する教材作成の試みが行われました。図表6-1に、エデュテインメント・ソフトウェアが引き出すことを期待された活動と効果を紹介します。

■図表6-1　エデュテインメント・ソフトウェアの活動と効果

活動	効果
探求、想像、構築、議論、計画、操作、問題解決、ドラマ化、創造、実験、論理の使用、批判的思考、視覚化、発見	記憶力、自己調整力、口頭言語能力、象徴的一般化、客観化と脱文脈化、反省的思考、メタ認知、社会的スキルの向上、抽象的思考と思考力、想像力

　また、さまざまな領域で効果を期待し、制作されていたようです（図表6-2）。当時は商業と結びついて、エビデンスの伴わない過大広告が批判されていることもありました。

　2006年にタブレットが登場して以来、乳幼児にも容易な操作性によりますますコンテンツ提供が加速しています。**全米乳幼児教育協会（NAEYC）**が「これまでの受動的メディアとインタラクティブな操作が可能なタブレット端末等が異なることを指摘」したように、子どもが働きかけ、音や映像の反応が得られることからの効果はいろいろあるでしょう。教育に軸足を置いた企業は、エデュテインメント・ソフトウェアの経緯を引き継ぎ、より品質の良いコンテンツを制作しようとする取り組みもみられます。さらには**ゲーミフィケーション**

（ゲームで面白いとされる要素を学習に取り込む）の動きもみられます。

　このような歴史的背景があることを踏まえ、より良いコンテンツを探し、賢く取り入れていきましょう。

■図表6-2　遊びを通して学ぶエデュテインメントの有効性

社会的行動	自己制御、より積極的な社会的交流と交友、より利他的な行動、他者に対する固定観念の減少、協調性、助け合い、分かち合い、社会的問題の解決、自分の人生経験を理解する、順番を守る能力、交渉する、妥協する、対立を解決する
認知発達	記憶力、創造性、発散的思考、数学的推論のスキルの向上、数え方、読み方、書き方などの基本的スキル
知的発達	問題解決、物事の仕組みの理解、戦略の立案
情動の発達	愛情、思いやり、共感、好奇心、タスクへの集中、不安の軽減
身体発達	筋肉の制御、目と手の協調性、動きと速さの調整、読み書きの重要な基礎
セラピー効果	健康管理（コンピューターゲームから良い食習慣を学ぶ） 高度な活動（活発な遊びは衝動性を抑える） 脳の発達（神経構造の発達）

出典：Rapeepisarn, K., Wong, K. W., Fung, C. C., & Depickere, A. (2006). Similarities and differences between" learn through play" and" edutainment". In?Proceedings of the 3rd Australasian conference on Interactive entertainment. Murdoch University. をもとに筆者作成

デジタル教材の歴史

　教育方法とメディア、テクノロジーは大きなかかわりがあります。図表6-3に、デジタル教材の系譜の一部を紹介します。

■図表6-3　デジタル教材の50年

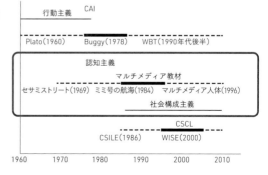

マルチメディア教材（1985-1995年）

　マルチメディア教材は、子どもたちが学習する際に、文字だけでなく、音声、静止画、動画などさまざまな形式の情報を使って学ぶ教材です。これらの教材は、パソコンの性能が向上して、画像や音声、映像を扱えるようになった技術の進歩によって可能となりました。このような教材を使うと、子どもたちは多角的な方法で情報を理解しやすくなります。

マルチメディアの学習モデル

　人間は言葉と絵という二種類の方法で情報を理解します。これらは異なるプロセスを経て脳で処理され、感覚記憶、作動記憶、長期記憶という3つの記憶の段階を通ります。目や耳から入ってくる音やイメージは、この記憶の過程で選択され、整理された後、既存の知識と組み合わさり、新しい意味を形成します（図表6-4）。これは深い学習を促す可能性があるとされています。

■図表6-4　マルチメディアの学習モデル

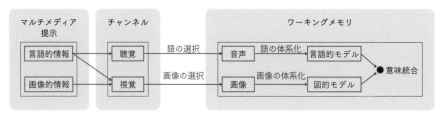

※Mayer（2009）を参考に作成

認知主義という学習観

　認知主義とは、子どもたちが能動的に探求し、自分の知識を再構築する過程を重視する考え方です。つまり、子どもたちは自分で考え、学ぶことによって新しい知識や理解を築き上げます。教育者の役割は、子どもたちが探求する際に必要な情報やツールを提供し、その学習プロセスを支援することです。

社会構成主義という学習観

　社会構成主義とは、学習と会話ややり取りを通じて知識が形成されるとする考え方です。子どもたちが他の人と話し合い、協力する中で、知識や考えが

育っていくとされます。このアプローチでは、子どもたちが一緒に学び合う環境の整備や、家庭での会話や共有活動を通じて学びを支援することが重要です。

　デジタル教材には、単に技術的な側面だけでなく、学習とは何か、どのようにして子どもたちの学びを支援できるかという深い考え方に基づいた設計が行われています。デジタル教材の背後にある教育学の思想を理解することは、新しい学びの方法や子どもたちの成長を考える上で重要です。子どもたちの創造性や批判的思考力を育む機会を広げるよう、子どもの興味や能力を引き出すための有効な手段としてデジタル教材を活用してください。📱

参考：山内祐平. (2010). デジタル教材の教育学. 東京大学出版会

アプリ・ソフトウェアのプラットフォームの種類

　おススメアプリ・ソフトウェアでは、スマホやタブレットで閲覧したり動作したりできるアプリを紹介していきます。これらは以下のように分類できます。

Webアプリ：ChromeやSafari、Microsoft EdgeなどのブラウザでURLを指定して閲覧する。パソコンのブラウザでもレイアウトが異なるものの、同様のコンテンツが見られる。

端末アプリ：iPhone・iPad【iOS】やAndroid端末（一部Chrome book）【Android OS】で動く。iOSアプリはAppStoreから、AndroidアプリはGoogle Playストアからインストールすることができる。

教育企業が提供するアプリシリーズ

株式会社ベネッセコーポレーション

■ じゃんぷタッチ（年長）、すてっぷタッチ（年中）

※入会が必要なデジタル教材

　就学準備として、「読み書き」や「数と図形の概念」を無理なく学ぶことができるほか、プログラミング、社会性、英語の学習も含まれています。

おすすめポイント　しまじろう教材のこれまでのノウハウが凝縮され、子どもたちが楽しみながら学びや創作活動を行えるよう工夫されています。紙の教材も定期的に提供され、デジタルとアナログの適切な組み合わせが考慮されている点が特徴です。

　特筆すべきは、アウトプットしながら学べる点です。自由な発想で作品を作るアートのレッスンや自らの声を録音し、波形を観察しながら音の高さや速さを変えることで音の原理を学ぶレッスンなど、ただ知識を覚えるだけでなく、自分なりに気づいたり考えたりすることを促す内容になっています。

■ こどもちゃれんじ プログラミングプラス

※入会が必要なデジタル教材

　紙のワークブックを使用してプログラ
ミングの基本的な考え方を学び、さらに
毎月3種類のアプリのゲームを使ってこれ
らのスキルを繰り返し実践することがで
きます。また、紙の台紙にプログラミング
の命令を模したブロックを組み合わせて

配置することで、拡張現実（AR）アプリを体験でき、論理的思考力の育成を
サポートします。

おすすめポイント　ティンカリング（試行錯誤を繰り返すこと）を名前の由来とする「ティ
ンカル」としまじろう達が楽しく学習をサポートしてくれます。プログラミングの基
本概念である「順次」「条件分岐」「繰り返し」について、カリキュラムに沿って自然に
理解できるよう設計されています。ARアプリでは、ブロックの配置で多様なコンテン
ツを体験でき、答えが1つに限られないことを実感できる価値ある体験ができます。

株式会社ワオ・コーポレーション

■ ワオっち！ランド

※iOS/Android/Amazon端末用アプリ

　幼児向けの教育ゲームアプリで、数やひらがな、迷
路、パズルなどが楽しめます。毎月新しい「謎解きワ
オっち」が追加されるほか、クリアするごとに集めら
れるコレクション要素もあり、子どもたちが飽きずに長く楽しめる設計に
なっています。

おすすめポイント　無料でありながら豊富なコンテンツが提供されており、教育企業
が母体のため安心して使用できます。さらに、子どもの利用履歴を基に作成される学
習傾向グラフにより、子どもの得意分野や学習の傾向を把握することが可能です。

■ Route Finder（ルートファインダー）

※iOS/Android用アプリ（対象4歳〜）

※木製玩具「Route Finder」と組み合わせて遊ぶ専用アプリ

　アプリで出題される問題に、木製のブロックを並べることで試行錯誤を重ね、逆算して答えにたどり着く「逆転の思考」を通じて、問題解決能力、論理的思考力、集中力を含むプログラミング的思考を楽しみながら養います。

おすすめポイント　木製の赤い丸いブロック（スタート）から赤い四角いブロック（ゴール）までの正確な経路を見つけるために、手を使って他のブロックを組み合わせながら考えます。設置したブロックがゴールに到達するかどうかを、視覚と触覚を駆使して確かめます。アプリを使っての答え合わせや、自分で導き出した経路をたどるアニメーションを視聴することもでき、楽しみながら学べる要素が満載です。

ワンダーファイ株式会社

■ Think!Think!（シンクシンク）

※iOS/Android/Amazon端末用アプリ（対象年齢4-10歳）

※無料：1日1プレイ（3分間）・有料コース

　「思考センス（イメージ力）」を養うためのアプリで、「空間認識」「平面認識」「試行錯誤」「論理」「数的処理」の思考力を育成します。120種類以上、20,000題以上の問題を含み、各問題は3分間のミニゲーム形式で提供されています。

おすすめポイント　制作チームは、算数オリンピックやベストセラー問題集「なぞペー」シリーズの制作を監修しており、まさに問題作成のプロ集団です。紙ではなかなか想像しづらい図形や空間をデジタルならではこその展開を見せてくれます。数学的思考が苦手と感じるお子さんも、大好きなお子さんも自分のペースに合わせてスキルを伸ばせるでしょう！

■ WONDERBOX（ワンダーボックス）

※iOS/Android/Amazon端末用アプリ（対象年齢4-10歳）
※コースへの入会によりアプリ使用可能

　遊び感覚で学び、思考力や創造力を育
むワンダーボックスは、プログラミング・
数理パズル・アート・理科実験など幅広い
STEAM通信教育です。デジタルとアナログを組み合わせた多彩な教
材が毎月自宅に届きます。

おすすめポイント　デジタル学習教材は視覚中心となりがちですが、この教材は五感
を使って、手を動かして学習できるキットも提供しており、子どもたちの知的好奇心
が育まれます。プログラミングや数理パズル・アート・理科実験など、一見難しそうな
内容が、ワンダーボックスなら楽しく挑戦できる、素晴らしいSTEAM教材です。

Enuma社

■「トド英語」

※iOS/Android用アプリ（利用推奨年齢は3歳〜小学生）
※無料版・1年or2年の料金プランがある

　楽しい学習ゲームを通じて英語4技能
（聞く・話す・読む・書く）を習得できます。AI
によるリアルタイムコーチングがあり、遊びながらネイティブの発
音を身につけることが可能です。子どもの学習ペースに合わせて、欧
米の礼儀や文化を含むグローバルな内容の教材を提供します。

おすすめポイント　本アプリを開発したEnuma社は、2012年にカリフォルニア州バー
クレーに設立され、子どもたち自身で学習を進められる優れたデジタル製品の制作を
目指しています。この会社は、創業者である夫婦の障害のあるお子さんをもつ経験が
きっかけで立ち上げられました。トド英語はアメリカで開発された最新のEFL（第二言
語としての英語）カリキュラムを採用しており、子どもたちが一人でも楽しく学べる
ように設計されています。

■「トドさんすう」

※iOS/Android用アプリ（利用推奨年齢は3歳〜8歳）

※無料版・1年or2年の料金プランがある

　ゲーム感覚で進めながら算数の基本スキルを習得できます。アメリカの共通基礎スタンダードを基に構築され、各国の最新の教育カリキュラムを考慮して開発されました。

おすすめポイント　世界20か国以上のアプリストアで1,000万回以上ダウンロードされた人気アプリです。細やかに練られたカリキュラムを通じて、楽しく没頭しながら取り組むことができます。

Sago Sago Toys Inc.

■ サゴ・ミニスクール

※iOS/Android/Amazon端末用アプリ（対象2歳〜5歳）

※サブスクリプションによる契約

　本アプリでは、毎月新しいコンテンツがリリースされ、様々なアクティビティを通じて学びと発見を体験します。数字をなぞって練習することや、前後の数を数える活動、さらには初歩的な幾何学に親しむ算数、読みを通じて語彙力を増やすリテラシー、お絵描きや様々な素材を組み合わせる創造活動、迷路や障害物があるパズルを解く問題解決、インタラクティブな操作を通じて自然界に対する好奇心を深めるサイエンス、このようなアクティビティを通して自然にスキルを習得します。

おすすめポイント　SAGO mini（サゴ・ミニ）は、トロントを拠点とするSago Sago Toys Inc.によって提供されている、就学前の子どもたちを対象としたアプリシリーズです。鳥のRobbin、猫のJinja、犬のHarvey、うさぎのJackといった愛らしいキャラクターたちが、子どもたちを楽しい活動へと導いてくれます。学習というよりは遊び心満載で、子どもたちが気軽に楽しめる設計になっています。📱

Googleが提供するアプリ

　「Experiments with Google」はGoogleが提供するプラットフォームで、人工知能（AI）や拡張現実（AR）などの最新技術を活用した実験的なプロジェクトを紹介しています。この中の「Chrome Music Lab」では、ピアノ演奏、音の解析、リズム遊びなど、多様な音楽アプリを利用できます。これらのアプリはデザインが可愛らしく、直感的でシンプルな操作性を備えているため、特別な説明がなくても子どもたちがすぐに楽しむことができます。

■「RHYTHM」（リズム）

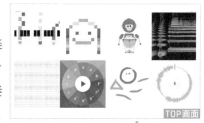

TOP画面

　サルの親子が登場し、リズム遊びを楽しめるWebアプリです。親サルはティンパニー、子サルはトライアングルを演奏します。画面下部には、楽器の演奏タイミングを指定するための3つの点が並んだグリッドが表示されます。グリッドの点は下から順に低音ティンパニー、高音ティンパニー、トライアングルに割り当てられており、横方向は時間を表していて、これは楽譜の仕組みに似ています。リズムを入力し終わったら、再生ボタンを押すとサルたちが演奏を始めます。

おすすめポイント　直感的なグリッドシステムで、リズム遊びを簡単に楽しむことができます。様々な楽器を試すことが可能で、長く楽しめます。即座にフィードバックが得られるため、音楽への理解が深まると同時に創造性も育まれます。親子で一緒に新しいリズムを作り出すことで、共同作業の楽しさを体験することができます。

■「VOICE SPINNER」（ボイススピナー）

　中央のボタンを押せば、PCやスマートフォンの内蔵マイクを使って音声を録音できます。録音した音声は速度調整したり、逆再生したりすることが可能です。録音されたデータは円形に配置され、レコードの波形を模したデザインになっています。音声を再生する時は、画面下部にあるスライダーを右や左にスライドさせます。右にスライドすると録音された音声が再生され、左にスライドすると再生されます。スライダーを中央から遠ざけるほど再生速度が上がります。

おすすめポイント　簡単な操作で音声録音を楽しめます。逆再生でどうなるか想像しながらお子さんの声を吹き込むと楽しいでしょう。また、音声は視覚的に確認しやすい波形デザインとなっており、直感的に音声の編集ができるため、クリエイティブな遊び心を刺激してくれます。

■「Art Selfie」

※iOS/Android用アプリ（対象年齢設定なし）

　「Google Arts & Culture」アプリで、ホーム画面右下にある「PLAY」ボタンをタップし、画面を一番下までスクロールすると、起動メニューが表示されます。スマホのフロントカメラを使って自分の顔を撮影し、シャッターボタンを押すと、瞬時に類似する美術作品が画面に現れます。また、同じ画面で「Pet Portraits」を選ぶと、Art Selfieの動物バージョンとして、ペットに似た芸術作品を検索できます。

おすすめポイント　画像認識で、撮影した顔にそっくりな美術作品を発見できる驚きや楽しさがあります。作品の詳細をみて芸術を身近に感じることができます。また、収蔵している美術館を確認することができるので、実際に訪れてみるのはいかがでしょうか。ご家庭で普段から芸術作品と触れ合う時間を作ることをおすすめします！📱

知育

■「そろタッチ」

※iOS/Android用アプリ（学習開始適齢期5〜8歳）
※入学が必要なアプリ

　タブレットを利用して、そろばん式暗算を楽しく学ぶ学習アプリです。学び方は自宅で毎日学習するネット生と、自宅学習に加え週1回授業に参加する教室生から選択できます。幼少期の日々の努力で身につけた暗算力により、数字や算数が好きになり、一生の財産、自信につながります。

おすすめポイント　タブレットによりイメージ暗算習得を効果的・効率的に支援してくれます。また、ランキング表示やゲーム機能など、継続する仕掛けが満載です。「見えるモード」と特許技術「暗算モード」を反復することで、数字を珠の形で画像処理するイメージ暗算を習得できます。

■ Montessori Preschool

※iOS/Android/ Amazon端末用アプリ（対象年齢0歳〜5歳）

　モンテッソーリ教育の専門家チームとともに、タッチスクリーン用に特別にデザインされた高品質の教育コンテンツです。

　モンテッソーリ教育の資格を持つ教師によりデザインされ、楽しみながら学べる体験を提供します。10のカテゴリーから構成されています。また、利用可能な言語を指定することもできます。ミニゲームを楽しんだり、キャラクターと遊んだり、ポイントを使って園をカスタマイズするなど、園での活動をデジタルで体験できます。

おすすめポイント　モンテッソーリ教育の「教具」の良さをデジタルで気軽に体験できます。親も関わりやすいよう進捗状況を確認できます。子どもが興味をもつ瞬間を敏感

期と捉え、感覚による刺激を大切にしているモンテッソーリ教育。アプリのアクティビティをヒントに、実際の道具を使って、家でもできる遊びに発展させていくこともおすすめします。

■ Khan Academy Kids

※iOS/Android用アプリ（学習開始適齢期2〜6歳）

Khan Academyは、サルマン・カーンによって2008年に設立された教育目的の非営利団体です。本アプリは子どもたち向けの無料の教育プログラムを提供しています。キャラクターたちがアクティビティや物語をナビゲートしてくれ、楽しみながら学習することができます。

おすすめポイント かわいらしいキャラクターと共に学ぶたくさんのアクティビティが用意されています。それらは信頼できるカリキュラム（Head Start Early Learning Outcomes FrameworkやCommon Core Standards）に準拠しているため、安心して使用できます。算数から運動能力の発達に至るまで、幅広いトピックについて深く学ぶことができます。

クリエイティブ

■ Oh! The magic drawing app

※iOS/Android用アプリ（対象年齢設定なし）

本アプリは、アヌックとルイ（フランスの絵本作家）が制作したしかけ絵本「Oh! mon chapeau」にインスパイアされています。10種類のカラフルな図形を画面中央にスライドさせると、予期せぬ空想的な絵に変わります。

おすすめポイント シンプルだけどとてもオシャレでデザインセンスが磨かれそうなテイストです。描きながら自分だけの物語を想像したり、タブレットの上下を変えることで変化するインタラクティブな仕掛けを楽しむ事ができます。色紙とクレヨンを使って創造的な活動に発展するのもよいでしょう！　従来の絵本とは一線を画す新し

い体験を提供します。

■ Animopus

※iOS用アプリ（対象年齢6歳〜8歳）

　子どもが描いた絵を動く
キャラクターとして活用で
きるアプリです。子どもたち

は紙に絵を描き、その絵をアプリで撮影することで、描いた絵がアニ
メーションの主人公として動き出します。

おすすめポイント　アプリからカメラで撮影することで、自分が描いたキャラクターを
主人公にした物語を生み出すことができます。絵だけでなく粘土でキャラクターを作
るのはどうでしょう？　日々異なるアニメーションを楽しむことができるので、自分
だけのオリジナルストーリーをたくさん作ることが可能です。

■ らくがきAR

※iOS/Android用アプリ（対象年齢6歳〜8歳）

　描いた絵をスキャンすると命が吹き込ま
れ、スマホやタブレットを通してAR空間
を歩き始めます。アプリ上でご飯を与えた
り、触れたりするインタラクションが可能
です。

おすすめポイント　とても簡単にARを体験できるアプリです。また、その動きを写真や
動画で記録を残すことも可能です。アプリによって、絵を描く楽しさが増し、創造性が
刺激されます。文化庁メディア芸術祭をはじめ、数多くのアワードを受賞しています。

サイエンス

■ タイニーボップの光と色

※iOS用アプリ（対象年齢6歳〜8歳）

　光の成り立ちや動き、それが創出する色彩の範囲を子どもたちが発見する手助けをするアプリです。絵の具を光と混ぜ合わせたり、プリズムやレンズを使って遊んだり、色を配列して虹を形作る体験ができます。さらに、拡張現実（AR）を活用して色を収集し、それらを感情と関連付けることで、色と感情の関係についても学ぶことができます。

おすすめポイント　Tinybop, Inc.（タイニーボップ社）は、2012年に、アートと科学技術の世界で20年の経験を持つ2児の父、ラウル・グティエレス氏によって設立されました。現在、デザイナー、エンジニア、アーティストが集うスタジオで、子どもたちの探究心を刺激し、参加型の体験を提供することで夢中にさせる多くの教育アプリを開発しています。「Light & Color」の他アプリもおすすめします。

■ ほぼ日のアースボール

※iOS/Android用アプリ（対象年齢4歳以上）
※アプリは無料（専用のアースボールの購入が必要）

　ほぼ日のアースボールは、拡張現実（AR）技術を活用した革新的な地球儀です。スマホやタブレットをかざすことで、様々な世界の情報が立体的に表示されます。

おすすめポイント　アプリを用いると、リアルタイムで地球上の「雲」「雨」「気温」を見ることができます。教育的なコンテンツも豊富で、世界の国旗、恐竜、動物、世界遺産などのモードがあります。1つの地球儀でさまざまな地球、みんなの地球を楽しめます。

■ スマートスピーカー

　スマートスピーカーには、Googleアシスタント（Google）、Alexa（amazon）な

ど様々な種類があり、天気予報やニュースの確認、アラームやタイマーとしての使用が共通の機能です。また、スマートスピーカーによっては、昔話を語ってくれたり、アニメやマンガのキャラクターのセリフに反応して楽しませてくれるものもあります。動物の鳴き声や、救急車、パトカー、消防車、ゴミ収集車、飛行機、ダンプカーなどの乗り物の音を再生する機能を持つ製品も多く、子どもから大人まで幅広く楽しめます。

おすすめポイント アプリは視覚優位なコンテンツが多いので、聴覚を集中的に使用するスマートスピーカーのインタラクティブなやり取りは貴重な時間になるでしょう。自分の発した言葉に反応する機能は、遊び心を刺激するだけでなく、子どもの好奇心を引き出すとともに、疑問を言語にすることや得られた回答をしっかり聞き取るという教育的な要素も含んでいます。家族全員が利用できる点も大きな魅力です。

プログラミング

■ Cubetto（キュベット）

※木製ロボットを購入（対象年齢3歳〜9歳）

3歳から小学生まで長く楽しめる木製のロボットです。カラフルなブロックをボードにはめると、その指示通りにキュベットが動く仕組みとなっています。緑のブロックは「前へ」、黄色のブロックだと「左へ」の指示が出せます。遊び方がわかりやすい点だけでなく、木ならではの手触りの良さや丈夫さも魅力的なおもちゃです。

おすすめポイント 本体だけで、パソコンやタブレットが不要です。スクリーンを介さずにタンジブル（触れることができる）な形でロボットプログラミングを行うことができることはとても魅力的です。直感的な操作が可能であり、木の温もりを感じることができる点が特徴です。また、耐久性も高く、安心して使用させることができます。動かすシートを変更すれば、さまざまな物語の中でロボットが動く様子をデザインすることが可能です。

■ コード・A・ピラーツイスト

※ロボットを購入（対象年齢3歳〜6歳）

コード・A・ピラーツイストは、背中にあるダイヤルを回して動きをプログラミングできるイモムシ型の学習ロボットです。5つのダイヤルを使って8種類の簡単なコード（まっすぐ進む・右へ曲がる・左へ曲がる・音楽・たべる・しゃべる・どうぶつのまね・ねむる）を設定し、1000通り以上の動作を組み合わせてコントロールすることができます。

おすすめポイント 本体だけで、パソコンやタブレットが不要です。子どもたちは自ら設定した目標に向かってロボットを動かしたり、障害物を使ったレースを楽しんだりして、創造力を養いながら遊ぶことが可能です。

■ KOOV

※iOS/Android用アプリ（対象年齢8歳以上）
※アプリは無料。専用のキット購入が必要

ソニー・グローバルエデュケーションが提供するプログラミング教材です。スケルトンのカラフルなブロックで多様な作品を制作できるとともに、コア（本体）やセンサーを用いて、動きや音を制御することができます。制御はアプリを通してロボットプログラミングを行います。「KOOVエントリーキット」では5歳からを対象にしています。

おすすめポイント アプリの「ロボットレシピ」では、可愛らしいお手本がスキル別にたくさん用意されています。レシピでは、ブロックや電子パーツを組み立てる手順が紹介され、異なる形状のブロックを立体的に表示しながらガイドしてくれます。形が完成すれば、既に用意されている制御プログラムをロボットに転送するだけで、すぐに動き始めます。このアプリは模倣から始めて徐々にスキルを伸ばし、最終的には子どもたちが独自のロボットを創造することを目指すことができるよう設計されています。

SECTION

02 「保護者の情報活用能力」 チェックリスト

・・・

大人に必要とされるデジタルスキル

　OECDは、幼児教育にかかわる人たちがデジタル・コンピテンシーを身につけることを喫緊の課題としています。子どもたちの「**早期のデジタル・リテラシー**」を育むために、まずは関係する大人のスキルが問われているそうです。具体的には、次のようなスキル項目が挙げられています。

* デジタルツールの基本操作スキル
* 幼児がデジタル技術を使用する際のリスクとメリットの知識
* 専門的な対話や協調、学習のためのデジタル技術活用スキル
* 幼児向けデジタル教材の適切な調達・作成・修正スキル
* 学習や発達の記録・評価に対するデジタル技術活用スキル
* 主体的にデジタル活用できるよう個別最適な促進スキル
* デジタル技術を活用したコンテンツ制作スキル
* 安全かつ責任ある方法でデジタル技術を使えるよう支援するスキル

　日本では「情報活用能力」として、文部科学省がこれからの子どもの学習の基盤となる資質・能力として育成することを重要な課題としています。子どもたちのこれらの能力を育むには、かかわる教員の指導力が重要な役割を担います。

　これまで述べてきたように、子どもがICTに初めて接するのは家庭であることが多く、保護者の役割も重要です。しかし、テクノロジーの急速な発展により、保護者は自分が子ども時代に体験してこなかった新たな状況、情報、デバイスに適応することが求められ、多くの課題を抱えています。そこで、**園田学園女子大学堀田博史代表の基盤研究（B）（「幼児の遊びを止めない！」幼児教育で**

125

のICT活用フレームワークの構築）において、**保護者のICTを活用する能力**について次のように定義し、保護者の指導力の育成方法について検討しました。重要な要素として組み込んだことは、子どもを指導する保護者自身が情報活用能力を身につけることと、子どもがデジタル・リテラシーを身につけるための支援をする能力を習得することです。

> **保護者の情報活用能力**
>
> 　保護者自身が、必要に応じてスマホやコンピュータを用いて、インターネットにアクセスし、育児に関する情報を得たり、活用したりするスキル（力）。また、お子様に対しても適切にスマホやタブレットを活用できるよう支援したり、知識を身に付けたり学んだりできるようアプリを選択する・支援するなどのスキル（力）を想定しています。

　保護者の指導力が身についているか、保護者が自ら状況を確認するためのチェックリストを、ルーブリック形式（自分はどのレベルにいるか確認する）で作成しました。以下に6項目の詳細と動画の概要を紹介しますので、確認してみてください。

■図表6-5　子どもへの指導力の確認項目

チェック項目
1）保護者自身の子育てにおけるICT活用について
2）保護者自身のセキュリティ対応について
3）園との連携でのICT活用について
4）子どもの知育的/学習的側面でのICT活用について
5）子どもの情動の発達*や創造性のためのICT活用について
6）子どものデジタル・リテラシーの育成について

※情動の発達とは、子どもの情緒や感情、想像や創造性にかかわることで、具体的には、子どもの興味・関心や自尊感情、共感性や忍耐力、共同性や自制心、道徳性などを想定しています。

　以下のサイトでは、保護者が気軽に学べる動画教材を作成しています。概要を示しておきますので、興味に合わせて視聴してみてください。

「保護者の情報活用能力」のための動画教材

URL　https://sway.cloud.microsoft/UKzdgZUd2bEEUhgD?ref=Link

　以下、チェックリストを一つずつみていきましょう。📱

126

1）保護者自身のICTを活用する能力

　子育て情報を収集するために、ICTを活用している保護者は多いと思います。自身のICT活用について確認するチェック項目となっています。

　子育てに関する情報は大きく2つ（メディア情報とパーソナル情報）に分けられます。**メディア情報**は、新聞、テレビ番組、SNS、育児ウェブサイト、育児雑誌、育児本、広告などから得られる情報です。一方、**パーソナル情報**は、幼稚園や保育園の先生、行政の専門家、ママ友、家族、職場などからの口コミ情報です。動画では、これらの情報を収集する際の注意点について説明しています。

チェック項目	レベル0	レベル1	レベル2
保護者自身の子育てにおけるICT活用について	子育てにICTを活用していない	子育て情報サイトや動画から情報収集するなど、ICTを活用している	子育てに関わるサイトに投稿したり、成長記録アプリを活用したり、ICTを積極的に活用する

2）保護者自身のセキュリティ対応

　昨今のニュースで、**セキュリティ**に関する問題を目にすることが多くなりました。このチェック項目は、保護者の皆さんがどの程度セキュリティに注意を払っているかを確認するためのものです。

　動画では、園から保護者への子どもに関する情報の安全なやり取りについて解説しています。例えば、クラスの連絡、出席状況、緊急連絡などの情報交換で**個人情報の漏洩のリスク**があります。これらの情報がネットワークを通じて安全にやり取りされる方法とその利点、そして多くの園で使われている**クラウドサービス**について説明しています。また、個人情報に対する不安に関する考え方も解説しています。

チェック項目	レベル0	レベル1	レベル2
保護者自身のセキュリティ対応について	セキュリティのことはわからない・対策していない	危険なサイトやメールのリンクはクリックしないなど、インターネットを安全に使用している	ウィルス対策ソフトをインストールしたり、セキュリティに関する情報を収集している／園から提供された情報について、個人情報の漏洩や著作権、肖像権に関する配慮を行う

3）園との連携でのICT活用

　園との連絡でICTは欠かせない存在となっています。そのような園とのやり取りにICTをうまく使っているか確認するためのチェックリストです。

　園におけるICT活用には、**保育の中での活用、家庭への情報発信、業務の効率化**が挙げられます。保育の中では、子どもたちのために、多様な教育活動を展開し、ICTを活用します。家庭への情報発信は、教育・保育活動を理解してもらうため、子どもたちの様子を知ってもらうためにICTを活用します。動画では、活用方法の詳細と注意点について解説します。

チェック項目	レベル0	レベル1	レベル2
園との連携でのICT活用について	園が提供している連絡アプリしか使用していない	園でのブログにコメントしたり、メールやSNSを用いて連絡を行う	園から提供される情報を受け取るだけでなく、受け取った情報をICTで祖父母に伝えたり、有効活用する。さらにSNSでやり取りするだけでなく、家庭での子どもの様子を写真や動画を用いて共有するなど、より積極的にICTを活用する

4）子どもの知育／学習的側面でのICT活用

　家庭で子どもがICTを活用する際、情報を検索したり、知育や学習したりするためのサイトやアプリは多数あります。学びにつながるようサイトやアプリを使うよう子どもに促したり、使っている際に保護者としてどのように

サポートしているかを確認するための項目です。

　動画では、文字入力ができない子どもでも可能な情報検索や収集するための方法、就学前準備のための**知育アプリの活用方法**について解説しています。また、企業や政府が提供する子どものための**情報サイト**、**プログラミング学習**や**生成AIの活用**についても紹介しています。

チェック項目	レベル0	レベル1	レベル2
子どもの知育的/学習的側面でのICT活用について	子どもがICT活用する際、学びにつながるような配慮はしていない	子どもがICT活用する際、学びにつながるようなコンテンツを選ぶ	子どもがICT活用する際、コンテンツを配慮し、子どもの活動に配慮したり、親が一緒に活動、声かけをしながら学びにつなげるよう心がける

5）子どもの情動の発達や創造性のためのICT活用

　非認知能力・社会情動的スキル等、子どもの情動の発達にICTを活用できるかどうかを確認するための項目となっています。

　ICTといえば知育や認知を支援するためのアプリやサイトを考えがちですが、**情動の発達にも役立つ方法**を解説しています。例えば、主体的・能動的に活用したり、コンテンツに配慮したり、ルールを作り守るような方法で自制心の育ちにつながります。また、ご褒美ではない、活動そのものを楽しむための**動機づけのポイント**についても紹介しています。さらに、自他の心の違いに気づいたり、他者との関係構築、道徳教育のためのICT活用についても解説しています。

チェック項目	レベル0	レベル1	レベル2
子どもの情動の発達や創造性のためのICT活用について	子どもがICT活用する際、情動の発達や創造性につながるような配慮はしていない	子どもがICT活用する際、情動の発達や創造性につながるようなコンテンツを選ぶ	子どもがICT活用する際、コンテンツを配慮した上で、子どもの活動が情動の発達や創造性につながっているか見守る。親が一緒に活動、声かけをしながら情動の発達や創造性につなげるよう心がける。または、友達と一緒に使って楽しむよう工夫する。

6）子どものデジタル・リテラシーの育成

　子どもがリテラシーを習得するために、保護者がどのような支援をすればよいのかについて確認する項目となっています。

　動画では、子どもがICTを上手に活用するために必要なポイントについて説明しています。子どものデジタル活動を奨励し、ともに参加することで、主体性や学習を促進しつつ、安全な環境を整えることの重要性を強調しています。また、最近注目されている**デジタルシティズンシップ教育**についても紹介しています。📱

チェック項目	レベル0	レベル1	レベル2
子どものデジタル・リテラシーの育成について	子どもがICTを使用する際、配慮は何もしない	子どもがICTを使うために、時間の約束やルールを決める	子どもがICTを使うために、時間の約束やルールを子どもと一緒に作ったり、ICTを利用する際の注意点について子どもと話し合う

おわりに

　最後までお読みいただき、ありがとうございました。本書は私が子育てをしていた時に、親として知りたかったことや子どもとともに体験したかったことをまとめたものです。できるだけ多くの情報をお伝えしたいと考え、この本を書いてきました。保護者の役割や責任にも触れていますが、求めているのは完璧な保護者ではなく、親子で楽しく賢くデジタルツールを活用していただきたいという思いです。

　そのためには、計画を立てて先手を打つことが大切です。デジタルツールを賢く活用した子育てに役立つよう、本書が少しでもお役に立てば幸いです。

　多くの研究者や機関が研究や調査を進めていますが、デジタル技術が子どもの発達とWell-beingに与える影響に関する明確なエビデンスはまだ少ない状況です。

　もしかしたら、本書が皆さんの疑問や不安をすべて解消することをできてはいないかもしれません。しかし、子どもの成長に最も重要なのはデジタルツールの使用方法と体験の質であることが明確な見解として示されています。デジタルツールを単に使用禁止にするのではなく、「**親自身が日々の活動や子育てに新しいテクノロジーを取り入れ、未来を生きる子育てを創発的に発展させることで、未来を生きる子どもの創造性やデジタル・リテラシーを育む**」というポジティブな使い方をしていくことが大切です。その具体的な方法を考えるために、本書を活用していただければうれしく思います。

　アラン・ケイが1972年に発表した「あらゆる年齢の子ども達のためのパーソナルコンピュータ」※のDynaBook構想では、子どもたち自身が楽しむゲームを自ら作成していました。これらの描写は、ゲームをもっと楽しくするために夢中で考え、学びとファンタジーを増幅させるコンピュータの使い方を示しています。この構想のように、スマホやタブレットを単なる時間消費の道具としてではなく、学びやファンタジーを引き出す道具として活用していきたいものです。

　また、デジタルに対する不安を感じる場合は、まずその正体を知ること

が大事です。今後もChatGPT等の大規模言語モデルによる自然言語生成や MidJurney等による画像生成の技術がさらに進化し、我々の生活に密接にかかわってくるでしょう。新しい情報を入手し、避けるのではなく賢く活用する姿勢が重要です。私自身も常に学び、引き続き追求していく所存です。

　子育てでは、親子の対話を大切にし、絆を築き、楽しい時間を共有し、子どもの主体性を促すといったことは、これまでと変わらず大切で、今後も変わらないでしょう。その基本を忘れずに、子育てライフを存分に楽しんでください！ そして、親子の関係や家族の時間を豊かにするツールとしてテクノロジーが活用されていくこと、未来の育児が技術の進歩とともにより豊かなものになることを願っています。

佐藤朝美

※1972年8月に米ボストンで開催されたACM National Conferenceの予稿集「A Personal Computer for Children of All Ages」https://www.mprove.de/visionreality/media/kay72.html（日本語は阿部 和広（2013）「小学生からはじめるわくわくプログラミング」日経BP に掲載）

●編著者

佐藤朝美 (さとう・ともみ)

愛知淑徳大学人間情報学部教授。東京大学大学院学際情報学府博士課程修了。博士 (学際情報学)。東京大学大学院情報学環助教を経て現職。教育工学、幼児教育、家族内コミュニケーション、学習環境デザインにかかわる研究に従事。日本子ども学会理事・副編集委員長。オンラインコミュニティ「親子de物語」で第5回、「未来の君に贈るビデオレター作成ワークショップ」で第8回、「家族対話を促すファミリー・ポートフォリオ」で第11回、「園生活の保護者の振り返りを支援するデジタルストーリーテリングWSの開発」で第14回キッズデザイン賞を受賞。主な著書に『物語行為の支援システム一親子の活動に着目して一』(晃洋書房、2023年) がある。

楽しむ・選ぶ・習慣づける

デジタル時代の賢い「スマホ育児」

2024年5月10日　発行

著　　　者	佐藤朝美
発　行　者	荘村明彦
発　行　所	中央法規出版株式会社
	〒110-0016　東京都台東区台東3-29-1 中央法規ビル
	Tel 03 (6387) 3196
	https://www.chuohoki.co.jp/
装丁・本文	Boogie Design
イラスト	トツカケイスケ
印刷・製本	図書印刷株式会社

定価はカバーに表示してあります。
ISBN 978-4-8243-0058-4

本書の内容に関するご質問については、下記URLから「お問い合わせフォーム」にご入力いただきますようお願いいたします。
https://www.chuohoki.co.jp/contact/

A058